幽默与爱情

林语堂与廖翠凤

施建伟 著

华文出版社
SINO-CULTURE PRESS

图书在版编目（CIP）数据

幽默与爱情：林语堂与廖翠凤 / 施建伟著. -- 北京：华文出版社，2023.12

ISBN 978-7-5075-5847-0

Ⅰ.①幽… Ⅱ.①施… Ⅲ.①林语堂（1895-1976）—传记 ②廖翠凤—传记 Ⅳ.①K825.6 ②K828.5

中国国家版本馆CIP数据核字（2023）第241364号

幽默与爱情：林语堂与廖翠凤

著　　　者：	施建伟
责任编辑：	张明华
出版发行：	华文出版社
社　　　址：	北京市西城区广外大街305号8区2号楼
邮政编码：	100055
网　　　址：	http://www.hwcbs.cn
电　　　话：	总 编 室 010-58336239　　发 行 部 010-58336267
	责任编辑 010-58336259
经　　　销：	新华书店
印　　　刷：	三河市航远印刷有限公司
开　　　本：	880mm×1230mm　1/32
印　　　张：	7.875
字　　　数：	156千字
版　　　次：	2023年12月第1版
印　　　次：	2023年12月第1次印刷
标准书号：	ISBN 978-7-5075-5847-0
定　　　价：	48.00元

本书若有印装质量问题，请与发行部联系调换

浪漫到幽默：关于林语堂初恋的爱情叙事

——追忆和林语堂女儿林太乙的台北相遇

自从"幽默大师"林语堂成为我的学术选题之后，我就不断"巧遇"许多很幽默或者不幽默的事情，这些经历几乎都尘封在我那庞杂的记忆库里，按照出库问世的可能性的顺序排队。没想到，天有不测风云，这两三年来我视力骤降，所有的文字工作被迫刹车，暂停了好长一段时间，直到那天，一条微信，唤醒了"休眠"中的我。

那是2022年10月13日，北京的陈漱渝学友在私聊中谈及当年陈涌前辈甄选《林语堂传》撰稿人的往事。刚好，陈涌前辈也和我讨论过同一件事。因为，我觉得这个话题很"幽默"，所以，随手就把相关的几份资料原件拍照后传给了陈漱渝。他立即回复了几个字："珍贵手迹！"这条微信提醒了我，也鞭策了我，于是我又重新进入了角色……

日前，华文出版社明华编辑的敬业精神深深打动了我。为支持她的工作，我挑出相关资料优先入场：一厚沓精美的相册里珍藏着数以千计的有关林语堂的图像资料,老照片里的那些事真精彩!这简直是个聚宝盆。

其中,摄于1994年10月台北之行的那部分,最具资料价值。1994年10月8日—10日,"纪念林语堂百年诞辰学术研讨会"在中国台北市召开。作为大陆以林语堂研究学者身份受邀与会的唯一代表,我与世界各地的华人学者、教授、专家进行了广泛而深入的交流,虽然偶尔也遇到过意外,但总的来说,收获的成果超出了我的预期,特别是与林语堂二女儿林太乙等社会名流的交流互动,使我受益匪浅。

20世纪90年代初,两岸学术层面的交流访问方兴未艾。这次在台北的纯学术交流大概可以算是林语堂研究领域的破冰之旅。那时,刚结束的"汪辜会谈"还是台湾民众茶余饭后的话题。当我到会议安排的住宿地福华大饭店下榻时,工作人员笑语道:"前些日子汪道涵先生和代表们就住在你上面的五楼……"也许因为"汪辜会谈"的余热还在发酵,我的台北之行受到当地官方、半官方和民间层面的重视,偶遇不友好的场面时,台湾地区文化部门领导则亲自出场解围。在两岸林氏宗亲会的林姓乡亲们的积极参与配合下,这次学术交流基本顺利,我还带回了许多有价值的图像资料,首功则是台湾地区林氏宗亲会的林添福先生。默默做实事的林先生,受福建林氏宗亲会之托,在我访谈期间全程陪同,兼任摄影师、导游、司机三重身份,是一位令人尊敬的志愿者。我离开台北前,他把所有影像照片整理成册交给我,对于这些珍贵图像资料的获得,

浪漫到幽默：关于林语堂初恋的爱情叙事

林添福先生功不可没！林先生以精湛的专业技术，抢拍了那些稍纵即逝的珍贵瞬间，这些老照片中最引人注目的是我和林太乙促膝谈心的画面，一张颇有深意的工作照。

记得当年回上海后，文友们争相在相册里寻宝。其中那张我和林语堂二女儿林太乙的合影，吸引了大家的注意。照片里的林太乙坐在沙发上，聚精会神地赏阅一沓山水风景照，而我则神态自如、脸带笑容地在一旁插话。文友们不约而同地发问："你们在讨论什么呀？这样投入。"我笑而不答，这就更激起了他们的好奇："有什么不能说呀，还保密？"

1994年施建伟与林太乙在台北交流有关林语堂的议题

为避免不必要的误会，我赶紧搭腔："是学术问题，还是留一点儿悬念的好。"

光阴似箭，将近30年过去了，现在该为那张老照片揭秘了。这张工作照摄于1994年10月10日，地点位于台北市建

幽默与爱情:林语堂与廖翠凤

国南路二段125号;我和林太乙促膝交流的议题是关于林语堂的那些事,从故乡的大自然的魅力到家庭生活,最后的重点则聚焦于"初恋情人"的话题。

起先,林太乙的夫婿、三妹林相如、林语堂在台湾省的秘书黄肇珩、马骥伸等名流也参与了寒暄与合影,当进入交流的正题后,小会议室里就只留下了我和林太乙两人。

我们先从林语堂的小说《赖柏英》的自然背景——坂仔美丽的山水切入,我开门见山地说:无限深情地怀念家乡的山水,是林语堂创作的源泉,也是他久盛不衰的创作题材。家乡山水的大自然力量,是林语堂艺术生命和思想信仰的一个有机组成部分,"进入"了他"浑身的血液"之中。我又强调了林语堂把对故乡山水的爱"拟人化地艺术嫁接"在小说的女主人公身上。

我边说边拿出一大沓林语堂家乡景色的风景照来,这是我走访平和县坂仔村①时拍摄的资料,我和林太乙一边欣赏大自然的原生态面貌,一边交流……我情不自禁地把拙著中的一段话背诵了出来:"林语堂痴恋坂仔山水的奥秘是:他以乡情、乡思、乡恋为载体,寄托了铭心刻骨的初恋之情;把爱情寄托于乡情,爱情和乡情互为表里;通过对家乡山水的痴恋折射了对恋人的思念,于是自然美和爱情美融合为一。"②

---

① 坂仔村:今为坂仔镇。林语堂曾自述其生在坂仔村,所以文中仍沿用坂仔村这一地名。

② 施建伟:《林语堂在大陆》,北京十月文艺出版社,1991年8月版。

我又说：林语堂借男主人公"新洛"之口对女主人公的那段表白是破译这个浪漫爱情故事的文化密码，是真正的点睛之笔。"柏英和我都在高地长大，那高地就是我的山，也是柏英的山。我认为那山从来没有离开我们——以后也不会。"①

倾听我侃侃而谈的林太乙，起初一直很安详地思考着什么事，趁我停下来喘口气的瞬间，马上针对我在叙述时常插入一些客套谦辞，说："请以后不要客气，不要用'请教''求教'这样的字眼，不然的话，我会显得很拘束。其实，我久闻你的大名，我在港台是有很多朋友的，他们提起过你，香港三联书店的潘耀明，你熟吧？台湾的张世珍，你熟吧？"我答："潘先生，我曾请他去华侨大学访问过；张世珍女士是在昨天她送资料时我们才第一次见面。"林太乙说："我在拜会你之前也做了一些功课，拜读过你提交给大会的那两本新著②，也知道你发表过很多论文。"接着，林太乙从文件袋里找出一本浅蓝色封面的书，对我说："这是台北的张世珍女士赐赠的《论语时期的林语堂研究》（台湾文史哲出版社1993年4月版）。"我答："我也刚收到了她的新著，但还没来得及拜读。"

林太乙说："我倒是昨晚把她的大作和你的那两本大作、大会的论文提要都翻了翻。"她掀开《论语时期的林语研

---

① 施建伟：《林语堂在大陆》，北京十月文艺出版社，1991年8月版。
② 两本新著：《幽默大师林语堂》（台湾业强出版社1994年5月版）、《林语堂：走向世界的幽默大师》（台湾武陵出版有限公司1994年9月版）。

究》的封面,指着第一章"绪论"说:"张女士在绪论里高度评价了你的研究成果,介绍了你的论文和专著。"林太乙停下来半开玩笑地说:"她对你很崇拜啊。"接着,林太乙指着张著中的一段话说:"你看,她是这样评价你的:'至于研究方面,福建泉州华侨大学施建伟教授曾在一九九〇年发表《林语堂研究综述》,全面而详尽地引介两岸对林语堂研究的成果……一九九一年八月,施建伟发表《林语堂在大陆》专书,可以说是有关林语堂在民国二十五年(1936)以前的一切研究的总结,他广泛搜集原始史料及第一手资料,以传记的笔法刻画林语堂的前半生,力图还林语堂以真实的本来面目……综观大陆上林语堂研究……以作者个人研究的质量及影响而言,施建伟教授独占鳌头……施建伟则新近出版《林语堂在海外》,他广泛地搜集资料,翔实地记下林语堂的后半生。书中许多资料是首次在大陆披露,应该可以为将来的研究,铺下康庄大道。'"

林太乙笑着说:"不瞒你讲,我昨晚拜读了《幽默大师林语堂》……"我连忙回应:"请多指教,在你面前,这些都是班门弄斧而已。"她接着道:"共同切磋吧。你猜猜我最欣赏的是哪一段?"我猜了三次她都摇头,说:"还是我来说吧,我最欣赏的是你在后记中的那些话。"她翻开随身带的这本书,指着第321页上的"后记"说:"林语堂和他的一团矛盾对我来说是一个谜。这些年来,为了解开这个谜,我阅读了林语堂的全部论著,查阅了数以万计的各种资料,走访了林疑今、周劭、章克标、徐铸成、施蛰存等耄耋老翁,发掘和抢救了一批珍贵的史料,又到林语堂生活过的平和县坂仔村、厦门鼓浪屿、厦门大学、上海、北京等地做了实地调查。我特别要感谢我在中国台湾的亲戚王应铮叔,在美国的亲戚温明战和在北京的学友陈漱渝先生,在美国的文友非马先生,在中国香港的文友卢玮銮女士、潘耀明先生,在新加坡的文友槐华先生等人,他们热心地为之穿针引线,搜集并寄赠了林语堂在海外和中国台湾、香港生活时期的各种资料。台湾'中央图书馆'的严鼎忠先生不仅为我寄来了馆藏的有关林语堂著述的资料目录,而且把目录中的研究资料全部复印寄赠给我。可以这样说,没有上述师友们的鼎力相助,就不可能有这本拙著。"

林太乙说:"原先在香港我读到你的《林语堂出国以后》,还真想问问你,我们全家离开上海后的那些事,你是怎么打听到的。看了这篇'后记'我全明白了……你在'后记'中的自述证明你付出了大量的劳动,我和我的妹妹要对你说一声'谢谢!'"

我立即回答:"这是集体的成果。"我随手指着"后记"中的另一段话,说:"拙著实际上是海峡两岸暨香港以及海外文友们共同创作的成果。在拙著撰写的过程中,我运用了同行的研究成果和林语堂本人的作品、自传、林太乙的《林语堂传》,以及许多有关回忆纪念文章中的原始资料,特此说明,并致以谢意!"

林太乙又说:"从我懂事开始,我就记得在学校里,在一些公共场合中,常有人会在我背后指指点点、窃窃私语道:

'这是林语堂的女儿。'虽然我为父亲的声誉自豪,但父亲的声誉同时也给我带来了压力。所以我从小就希望别人把我当成普通人家的一个普通的孩子来对待。刚才我赞赏你的成果,绝不是庸俗的恭维,而是希望你不要觉得是在和林语堂的女儿交谈,此时此刻,你我之间就是两个普通的传记作家之间的交流。虽然,不同的社会环境、家庭背景、成长经历,形成了我们之间的差别,但我们现在都是在以作家的责任来写好林语堂的传记。正是这个共同目标,使我们今天能在这里推心置腹,不知道今后还有没有这样的机遇,我希望我们都能为彼此做点什么……"

这个气场太难得了。我终于决定端出那个憋在心里很久很久的困惑。因为唯有真正的知情者才能为我解这个惑,机会千载难逢。对于林语堂,难道还有比亲生女儿更合适的知情者吗?

然而,即使在脱口而出前的最后一秒钟,我也深陷于林语堂式的"一团矛盾"之中:提出的问题会不会破坏两位传记作家之间刚刚建立起来的学术互信?因为,"为尊者讳"的传统观念毕竟也是人之常情!然而回顾几分钟前林太乙的表态:把她当作一个"普通的传记作家"……

想到林太乙作为传记作家的敬业态度,我鼓起了勇气,终于在林语堂所倡导的"冬夜炉边"式的谈话氛围中,说出了我的困惑。我指着拙著的那段话向林太乙请教:"既然在现实生活中的这段恋情,发乎情、止乎礼,没有越轨行为,而在自传式小说里,不知出于什么动机,林语堂竟虚构了'赖柏英'和'新洛'做爱并怀孕的情节?"

"没有这回事!"林太乙的回答很干脆,"全是虚构的,没有什么初恋情人赖柏英这个人!"

林太乙的回答完全在我的意料之中。因为,我在和林太乙交流前同样也做足了功课,拜读过她不久前出版的《林语堂传》。

我是这样解读林太乙上述回答中的两个"没有"的。第一个"没有"是指没有"未婚先孕"这回事,第二个"没有"是指林语堂没有"赖柏英"这个初恋情人。

值得注意的是,林太乙并没有否认林语堂有过初恋。她在《林语堂传》中也承认,父亲"在年轻时爱上在坂仔和他一起长大的一个姑娘",这个姑娘的名字叫"橄榄"。

接下来的讨论围绕着林太乙在《林语堂传》(联经出版事业股份有限公司1990年2月修订版)第28页里关于林语堂自传小说里赖柏英的那段话:

> 父亲在几种作品中,提过他年轻时爱上在坂仔和他一起长大的一个姑娘。在《赖柏英》这部小说中,作者以第一人称述写他爱赖柏英的故事。这部小说全属虚构,但赖柏英倒真像他小时喜欢过的一个名叫橄榄的女孩。乡下人为女儿取名,往往是取农作物的名称,如韭菜、红柑、甘蔗、橄榄等。橄榄和和乐(林语堂幼名)非常要好,一起

在小溪中捉鱼捕虾。他记得有几次,她蹲在溪子里,等一只蝴蝶落在她的头发上,然后轻轻地站起来,不把蝴蝶惊走。橄榄伺候双眼失明的祖父,后来嫁给坂仔一个商人。

女儿和父亲的观点看似对立,其实并不对立,只是父女俩在艺术视角和艺术支撑点上的差异,或者说是他们对自传体小说的文体属性在认知层面的落差。因为自传小说是传记体小说的一种,是从主人公的自述生平经历和视角角度写成的一种传记体小说。这种小说是在作者亲身经历的真人真事的基础上,运用小说的艺术写法和表达技巧,经过虚构、想象、加工而成。换句话说,传记的史料性和小说的艺术形象性这两个主要元素构成了自传体小说的文体特征。我耐心地讲解道:"你认同林语堂先生对'赖柏英'的文体定位是一部自传体小说吗?"林太乙回答她认同。我接着就点题了:"既然你们父女两人再加上我,我们三人都认同林语堂先生对《赖柏英》的文体定位是自传体小说,那么按照自传体小说的文体特征和创作规律来撰写《赖柏英》时,就允许作者(林语堂)在自己'亲身经历的真人真事的基础上,运用小说的艺术写法和表达技巧',进行虚构想象。而《赖柏英》之所以能成为林语堂小说创作系列中的传世佳作,就是因为他忠实地遵循了自传体小说独特的艺术创作规律。"

"根据《赖柏英》的艺术特点,"我又强调说,"与其说是自传体小说,还不如说是一部半自传体小说。因为自传体小说是一种传记,主要叙述自己的生平事迹,一般用第一人称,也有例外的;而半自传体小说,则可以并不完全是作者自己的经历。虚构的成分占比更多,在个人经历的基础上,运用了虚构、夸张等艺术表现手法……"

我对林太乙说:"你在《林语堂传》中也提到父亲年轻时爱上'在坂仔和他一起长大的''一个名叫橄榄的女孩',这就是在你父亲亲身经历的这个'橄榄'女孩的真人真事的基础上,运用小说的艺术写法和表达技巧,经过虚构想象、加工,而创作了那个名为'赖柏英'的女主人公。这是符合文体学的艺术创作规律的。"

现在问题的症结在于小说女主人公的姓名被林语堂命名为"赖柏英",而在坂仔又确实有一个叫赖柏英的人,但这个现实生活中真实的赖柏英,无论是年龄或生活经历都与林语堂没有交集,但她有个二妹叫赖桂英,小名也叫"橄榄",这个"橄榄"倒和小说女人公的生活轨迹有相似之处,现实中的赖柏英的二妹极有可能是小说女主人公的原型。

这段绕口令似的"讲解"真把我自己逗笑了:"不要嫌我啰唆,其实全部内容用一句话就能概括:生活的真实不等于艺术的真实,半自传体小说中的女主人公是一个艺术形象,这个艺术形象源于生活,又高于生活。"林太乙也笑了:"这堂关于半自传体小说和自传体小说的科普课,教授讲得很到位。"我和林太乙相视而笑。女承父业,想不到我被幽默大师的女儿"幽了一默"。

| 幽默与爱情：林语堂与廖翠凤

接着我们又提到在林语堂的家乡，有许多热心的"林迷"，一直在调研赖家的家谱，以及赖柏英、赖桂英等赖家兄弟姐妹的真人真事。关于林语堂"初恋情人"的议题持续发酵的现象，则从另一个侧面推动着对这位世界文化名人的研究的全面深化。

也有人认为，因为林语堂年纪大了，记忆力衰退，所以把"赖柏英"和"赖桂英"的名字张冠李戴了。我不认同这种说法，因为林语堂在最后的十年里老当益壮，完成了即使年富力强的学者也难以胜任的工作，主编和出版了《英汉大字典》，为中西文化交流做出了一系列的杰出贡献。

我认为生活原型和艺术形象不同姓同名，这是艺术创作中常见的现象，考证清楚就行了，不必把小说中的人名（地名）和现实生活中的人名（地名）百分之百地对号入座。

我认为林语堂为追求《赖柏英》的艺术效果，故意在姓名设置上把读者引入一座迷宫。小说中的姓名原本不过是一种艺术符号罢了，而林语堂故意把一个简单的符号命名，张冠李戴成一团乱麻，以期达到激发读者好奇心的艺术效应。综观这个话题在林语堂家乡持续发酵的状况，我不禁赞赏：只有"一团矛盾"的林语堂、只有"两脚踏中西文化"的林语堂、只有提倡"中西文化融合"的林语堂才会有这样的"幽默"大手笔，故意把读者引入"一团矛盾"中，这很符合林语堂"语不惊人死不休"的性格逻辑。

最后我和林太乙的想法已接近一个共识：初恋女孩"橄

榄"的那些真人真事，经过作者林语堂依据半自传体小说的艺术创作规律的艺术加工，一场来自现实生活的浪漫初恋升华为一部半自传体小说中跌宕起伏的"爱情叙事"。《赖柏英》这部小说问世至今几十年来，一直是"林迷"和研究者们的艺术焦点之一，这充分展现了林语堂的艺术功力。林太乙女士不断点头的动作，暗示了她对我许多分析的认同。

在告别时，大家都有一种只恨相见迟的遗憾。林太乙坦率地告诉我，由于各种原因，她很少接触大陆的学者："像今天这样的交流是第一次。"走出小会议室之前，她停下脚步，不好意思地试探："你拍摄的照片太迷人了，能不能借我一天？我想和妹妹他们分享家乡山水的美景……"

她的要求出乎我的意料，我明白她想带回去翻拍，这不正证实了祖国美丽山河对游子的向心力吗？！我立即爽快地说："不要借了，全部赠送给你和你全家。因为'林语堂'这三个字是我们的公约数。"她喜出望外，一迭声地道谢："谢谢你的厚礼！"

次日，林太乙送来一份回礼：台湾省邮局为纪念这次活动而印发的林语堂邮票和首日封。邮票和首日封上都印着笑容可掬的林语堂的头像。首日封的正面是林太乙的签名，背面则是林语堂三女儿林相如和黄肇珩、马骥伸等名流的亲笔签名，这份礼物见证了两位林语堂传记作者在纪念林语堂一百周年诞辰活动期间的那次学术交流，对林语堂研究而言则是两岸学者的第一次"破冰之旅"。

幽默与爱情：林语堂与廖翠凤

在为这本小书画上最后一个句号时，正像过去一样，我有这样一种感觉：不是了结了一件事后的轻松，而是我被一种难以遏制的冲动所折磨，似乎觉得应该说的话还没有启口。也许是因为徐讦所言，林语堂是中国现代文学史上"最不容易写的一章"给了我无形的压力，我总觉得我们这一代人与这位博学型的文化名人之间，有着一条历史的沟。要越过这条沟，必须付出时间、精力和汗水。

因为至今，林语堂和他的"一团矛盾"对我们来说仍然是一个"谜"。从他留下的那些爱情叙事中，我仍不禁感叹：只有"一团矛盾"的林语堂才能写出如此"一团矛盾"的爱情叙事。林语堂一生都在追求真爱，以他自己的"中西文化融合"的价值取向为导向，融合了多元文化的各种女性观中他所认为的"优质"，在他的小说创作中，创造了一个理想女性的系列，他把自己在现实世界里得不到的真爱，移植到虚幻的文学世界里"过了一把瘾"！从爱情的浪漫到生活的幽默，这也是"一团矛盾"的幽默大师对他自己所倡导的文化理想，在情爱世界和家庭世界中的一种实践。

我建议读者要以幽默的态度来解读幽默大师的爱情叙事中的那些人和事，这也是破译林语堂的爱情叙事的文化密码：从浪漫到幽默。

大学期间，我有幸受业于著名的学术前辈李何林教授，他所奉行的那种"无一字无来历"的敬业精神使我终身受教。在搜集资料的漫长过程中，我除了阅读林语堂本人的著作、自传和他同时代亲朋好友的回忆资料之外，林家三姐妹的著作《吾家》《林家次女》等家人的回忆资料更是极其珍贵、无法替代的资料宝库，难怪有朋友好奇地问这些家庭趣闻甚至隐私，我是怎么知道的。记得20世纪90年代初，我到厦门大学专访林语堂的侄子林疑今前辈时，他从我的讲述中方才得知林如斯（林语堂的长女）自杀的详情，不禁拉着我的手失声痛哭……文学史前辈专家丁景唐先生在1992年9月25日给我的信中，也对我在藏书楼找到有关"微风文艺社"的资料深表惊讶。而唐弢早在1989年9月9日的来信中就对我的"林研"选题给予肯定。正是这些师友的鼓励和帮助，才使我有勇气在这个当时的"禁区"里继续探索。在过去出版的十多个文本中，我都曾详尽注明资料来源出处，并向提供者致谢，所以，在这本再版的小书中，恕我不再重复地一一注明出处，而是在此向所有帮助过、关心过我的选题的前辈、同辈，尤其是林语堂的女儿林太乙等林家的亲朋好友，以及林语堂家乡坂仔的乡亲们致以诚挚的谢意。特别感谢华文出版社的领导和敬业的明华责编。最后，谨将本书献给60年来与我风雨同舟的妻子陈维莉女士及我的家人。

目录

第 一 章	"山地孩子" 梦想浮翩	1
第 二 章	初涉爱河 一波三折	25
第 三 章	出国留学 同甘共苦	39
第 四 章	重返故国 风雨同舟	57
第 五 章	阴阳互补 共建"有不为斋"	79
第 六 章	抓住机遇 更上一层楼	99
第 七 章	举家越洋 面对新航程	119
第 八 章	同舟共济 走出困境	149
第 九 章	夫唱妇随 落叶归根	173
第 十 章	金婚五十年 相濡以沫	191
第十一章	痛失爱女 夫妇同悲	205
第十二章	依依不舍 告别人生	219

第一章 『山地孩子』梦想浮翩

幽默与爱情：林语堂与廖翠凤

林语堂，幼名和乐，又名玉堂，1895年10月10日，也就是光绪二十一年八月二十二日，诞生于闽南漳州平和县坂仔村。

林语堂父亲林至诚，祖籍原在漳州北乡五里沙，1880年前后来坂仔传教，才迁居这里。但在林语堂的文章里，被称为"家乡"和"故乡"的，不是五里沙，而是平和县坂仔村。

平和县自明朝正德十三年（1518）建县以来，曾涌现出许多可歌可泣的历史人物。明朝的詹师富、明末的赖继瑾、清朝的林爽文和民国初年的林祖密等都是反抗黑暗的英雄。

平和县地处博平岭山脉南段，境内崇山峻岭，层峦叠嶂，海拔1000米以上的山峰就有64座，而海拔500米以上的山岭也有221座。蜿蜒的双尖山把全县分为西北和东南两大块。

秀水总是和雄山相伴。在纵横交错的山脉下是星罗棋布的河网，全县有大小河溪130多条，呈现出放射状的水系特征。被林语堂称为家乡的坂仔，位于西溪河谷，是群山环抱中的一块肥沃的盆地。

坂仔又称"铜壶"，在坂仔村附近有座"铜壶宫"，是当地林氏的族庙。"铜壶宫"里供奉着封神榜里的赵公明的神像。在村边的大路旁，还有一座"坂庵"，庵门口挂着一位秀才所题的"铜壶滴漏"的木匾。坂仔别称"铜壶"，是因"铜壶宫"而来，还是先有"铜壶"的别名，再筑"铜壶宫"，这就不得而知了。

坂仔南面是十尖山，远山绵亘，无论晴雨，皆掩映于云雾之间，极目遥望，山峰在云霞中忽隐忽现，古代曾把这云山千叠的地方命名为云霄县，可谓名副其实。北面，石起山如同犬齿盘错，峭壁陡立，危崖高悬，塞天蔽日。传说，那山巅上的一道大裂痕，是神仙经过石起山时，一不小心把大脚趾误插在石壁上所留下的痕迹。这大自然的幻术，曾为童年的林语堂构筑了无数神奇的梦想。

美丽的西溪横穿坂仔，河床宽阔，两岸相距100多米，但常年有水的主航道仅20多米宽。枯水季节，妇女们都直接到河床中间去洗衣、洗菜。那由鹅卵石和沙土构成的河床，是水牛的栖息地，也是林语堂弟兄们幼年时嬉戏的天堂。干涸的河床，远山近水，牧童水牛，捶衣嬉逐，构成了坂仔独有的民情图和风景画。

西溪虽有急流激湍，但浅而不深。在那没有现代化公路的年代里，河流是坂仔的主动脉，这里离厦门120公里，坐船要花费三四天时间。漳州西溪的"五篷船"只能到小溪，由小溪到坂仔有十二三公里，还要换乘一种很小的轻舟。遇到浅滩，船夫船妇们将裤腿卷起，跳入水中，几个人把船扛在肩上逆水而进。

　　林语堂出生在坂仔教会生活区内的一间平房里,旁边是大小礼拜堂、钟楼、牧师楼等西洋式的建筑,周围有荷花池、龙眼树、兰花树、水井、菜地,以及那为小和乐的童年生活增添了不少乐趣的"后花园"。这些都是教会的财产,林家不过借住在这里而已。

林语堂在坂仔的出生地

　　在坂仔,小和乐常常走到溪边,遥望远处灰蓝色的群峦在阳光下炫耀着自己变化多端的服饰,观赏着山顶上一边变幻着柔软的身段，一边任意地漫游的白云。老鹰在高空盘旋……

有时，小和乐攀上高山，俯瞰山下的村庄，见人们像蚂蚁一样小，在山脚下那方寸之地上移动着。这壮观的山景，令他敬畏，使他感到自己的渺小，他常想，一个人怎样才能走出这深谷？越过山峰的世界是什么样的呢？成年后，每当他看到人们在奔忙、争夺时，儿时登上高山俯瞰"蚂蚁"的情景又浮现在他的眼前，他回味着儿时所感受到的大自然的壮美和神秘，以及人的渺小，他认为自己的一切灵感和美德都是坂仔的山水所赋予的。这雄伟的高山雕塑着他的个性，激发了他的丰富的艺术想象力，是他一生取之不尽、用之不竭的艺术源泉，在他的审美趣味和思想性格里，随时都可以发现坂仔山水的情影。正像许多人都愿意称自己是"自然之子"那样，林语堂一再自许他是"山地的孩子"。

大自然的博大神秘，大自然的神圣纯洁，陶冶着他幼小的心灵，大自然的灵气融入了他的血液，这个山地的孩子，在不知不觉中以故乡的山水作为他观察世界、体验生活的唯一参照。后来，他之所以会把纽约的摩天大楼看作细小得微不足道的玩具，就是来自童年时对高山的记忆。正如他在《回忆童年》中所写：

生长在高山，怎能看得起城市中之高楼大厦？如纽约的摩天楼，说他"摩天"，才是不知天高地厚，哪里配得上？我的人生观，就是基于这一幅山水。人性的束缚，人事之骚扰，都是因为没有见过，或者忘记，这海阔天空的世界。要明察人类的渺小，须先看宇宙的壮观。

无限深情地怀念家乡的山水，这是林语堂创作中久盛不衰的题材。他相信，自然是他的力量之源，家乡的山水是他的艺术生命和思想信仰的一个有机组成部分，已经"进入"他"浑身的血液"，成为他身体中不可分割的一部分。

一个人出生以后，他的生存环境是陶冶性格的第一温床，林语堂在风景秀丽的坂仔山谷中度过了欢乐的童年，他在所有的自传、回忆文章中，总是反复强调他之所以成为现在这样的一个人，全部仰赖青山，他的思想、观念、性格，以至于人生观、美学观、世界观的形成，完全得之于闽南坂仔的秀美的山陵。在《四十自叙》中，林语堂又用新的语言把这种自然的陶冶力绝对化了，他说：

我本龙溪村家子，环山接天号东湖；
十尖石起时入梦，为学养性全在兹。

在林语堂的笔下，坂仔的山水具有神奇的魅力，为大自然披上了一层神秘的面纱。虽然这里不无夸张的成分，但是，坂仔确是林语堂艺术生命的一个源头。

林家有八个孩子：六子二女。林语堂在家里排行第五，大哥林孟温，二哥林玉霖，三哥林憾庐，四哥夭折，弟弟林幽；大姐瑞珠，二姐美宫。与林语堂关系最密切的是比他大4岁、属虎的二姐，林语堂在二姐"半母半姐"的疼爱下度过了愉快的童年。在家里，二姐对他的影响仅次于父亲。

小和乐和二姐相亲相爱，二姐是他童年时最友好的游戏伙伴，同时，她又像母亲一样关照着他的温饱寒暖。姐弟俩常是一对顽皮的小搭档。有一次，他俩读过林纾的翻译小说后，就把那些异国的奇闻逸事重新排列组合，姐弟俩共同编造出一个情节曲折而又恐怖冒险的故事，这是林语堂在文艺创作上的最初尝试，这部没有记录下来的"处女作"，在母亲那里获得了良好的效果。母亲饶有兴味地欣赏着姐弟俩所讲述的故事，真以为是一部世界名著中的片段。母亲的"受骗"，更激发了他们的创作热情，姐弟俩愈编愈有劲，随编随讲，每天为母亲编讲一段，像电视连续剧似的。久而久之，终于露出破绽，母亲如梦初醒，恍然大悟地喊起来："根本没有这种事。你们是来逗我乐的。"说完哈哈大笑起来，又急忙用手捂住嘴——因为她牙齿残缺，所以每逢在大庭广众面前发笑时，总是用手捂着嘴，这是习惯。看着母亲捂嘴笑的样子，姐弟俩心情十分舒畅，因为他们"创作"的目的，就是为了使母亲快活。

小和乐是一个头角峥嵘而且喜欢恶作剧的孩子，调皮的和乐便常利用父母的宠爱故意撒娇捣乱。比如，有时，兄姐们都安分守己地准备功课，他却不守规矩，独自跑到院子里

幽默与爱情：林语堂与廖翠凤

玩耍，母亲对这个顽皮的孩子束手无策，这时，二姐便当仁不让地出来管教他，说来也怪，小和乐居然会驯服于二姐的管教，真是一物降一物。当然，也有例外的时候，有一次，小和乐与二姐争吵过后，被关在门外，二姐不许他进家门，他便从窗外扔石头进去，叫道："你们不让和乐进来，石头替和乐进来。"还有一次，他和二姐争吵，淘气的他想出一个报复二姐的"妙计"：他钻入后花园的一个泥洞，像猪一样在里面打滚，目的是要弄脏自己的衣服，爬起来后，他得意地对二姐喊道："好啦，现在你要替我把脏衣服洗干净了！"——因为，按照家务分工，二姐承担着为全家人洗衣服的任务。

二姐和小和乐玩耍的那些别出心裁的游戏，是林语堂童年生活里灿烂的一页。而二姐激励他读书成名的遗愿，更是他难忘的一课。二姐聪明美丽，刻苦好强，父亲在油灯下所编织的那些"梦想"深深地打动了她的心。飞出坂仔，翱翔在辽阔的天空，是林家孩子们的共同愿望，也是二姐的心愿。她从鼓浪屿毓德女校毕业后，希望能到福州的教会学校读书。但父亲算了一笔账，即使免交学费，仅是川资杂费，一年至少要六七十元，实在力不从心。因为，林至诚有八个孩子，他立志要使男孩子都受高等教育，直到出国留洋，女孩子便只好让她们走"女大当嫁"的老路了。父母多次给二姐提亲。晚上，父母到二姐房里，只要一提起婚嫁之类的话题，二姐马上吹灭油灯，转身睡觉。一直拖到21岁，在当地人眼里已经是"老姑娘"了,才勉强答应出嫁,而在这之前,这位未婚夫已经苦苦追求二姐多年了。二姐上大学的"梦"夭折了,父亲感到内疚,林语堂则觉得自己所以能升学,因为是个男孩,占了便宜,挤掉了二姐升学的机会。对此,林语堂深感愧疚。

1912年的夏秋之交,林至诚一家同乘帆船沿西溪而下。两岸青山绿水,风景秀丽,美不可言。薄暮时分,航船停泊江中,船尾有一小龛,插几根香,供奉着妈祖娘娘和关羽(关圣帝)的神位。夜色苍茫中,远处渔船的篝灯明灭,隔水飘来悠扬婉转的箫笛声,船夫抽着旱烟,喝着苦茶,向林语堂讲述着古代的传说和故事。曾有多少次,林语堂陶醉在这良辰美景之中。然而此刻,依然是这样的帆船,依然是这样的景色,但他的心情却异常沉重。因为,这同一条船上,载着去上大学的林语堂,也载着出嫁的二姐。林语堂获得的深造机会,正是二姐失落的梦,同一个命运之神却做了如此不公正的安排。所以,一路上,林至诚全家都在情感的旋涡里起伏,无心享受大自然赐予的美景。

60多年后,林语堂对这次不寻常的航行仍记忆犹新,他在《八十自叙》中以深沉的笔调追忆了当年的情景:

> 那年,我就要到上海去读圣约翰大学。她也要嫁到西溪去,也是往漳州去的方向,所以我们路上停下去参加她的婚礼。在婚礼前一天的早晨,她从身上掏出四毛

钱对我说："和乐，你要去上大学了。不要糟蹋了这个好机会，要做个好人，做个有用的人，做个有名气的人。这是姐姐对你的愿望。"我上大学，一部分是我父亲的热望。我又因深知二姐的愿望，我深深感到她那几句话简单而充满了力量。整个这件事使我心神不安，觉得我好像犯了罪。她那几句话在我心里有极重的压力，好像重重地烙在我的心上，所以我有一种感觉，仿佛我是在替她上大学。第二年我回到故乡时，二姐却因患鼠疫亡故，已经有八个月的身孕。这件事给我的印象太深，永远不能忘记。

姐弟俩那次感人肺腑的告别，使林语堂刻骨铭心、永世难忘，他暗暗下定决心，不辜负二姐的期望，要"读书成名"！以后，无论在何时何地，无论到了什么年龄，只要一提起那四毛钱，他都忍不住要流泪，他说："我青年时所流的眼泪，是为她流的。"

小和乐自幼就是个出名的野孩子，他的哥哥、弟弟们也几乎没有一个不调皮的。林家的那一群男孩，在坂仔人眼里，都是些长着"头角"的小捣蛋，他们的出格行为曾在坂仔长期流传：那是在1907年前后，坂仔的基督教堂竣工以后，教堂前的钟楼上挂着一只美国人捐赠的大钟，正是这口大钟，使林语堂弟兄们在坂仔人心中留下了不可磨灭的印象。

作者施建伟于 20 世纪 80 年代采
访时在坂仔基督教堂大钟边留影

那时，每逢做礼拜，洪亮的钟声传递着异域文化对中国传统文化的冲击。这钟声惊醒了同时也激怒了沉睡中的坂仔传统社会的人们。有人公开骂，有人腹诽。终于，一些敌视教会的村民开始行动起来了。1908 年前后，由一个落第的儒生牵头，用募捐集资的办法，在教堂的同一条街上，修建了一座佛庙。原来也打算挂置一口大钟，与教堂的钟对峙，后来由于种种原因，改用一只大鼓来代替。

一个礼拜天，教堂像往常那样鸣钟。忽然，从庙里传出一阵鼓声，打鼓的儒生说："耶稣叮当佛隆隆。"他决心要用鼓声来压倒钟声。林语常弟兄几个自然站在教会一边,他们跑上钟楼,拼命地拉绳打钟。林家的孩子们年幼力薄,而那儒生虽然是个鸦片鬼,但毕竟是成年人,若一对一地单兵作战,孩子们显然不是他的对手,可是机灵的孩子们采用车轮战的办法:一个人累了,便下去休息,由另外一个来接替。几个孩子轮流不断,只要鼓声不停,他们便继续拉绳打钟,一个儒生怎么斗得过这一群沉醉在竞赛乐趣中的孩子呢。在儒生眼里,这场"钟鼓之争"包含着深不可测的意义;而在林家兄弟眼里,这不过是一场有趣的游戏,而只要是有趣的游戏,小和乐不是"主谋"就是积极的参与者。

可是,从某一个礼拜天起,那鼓声突然消失了。原来,那个失业的穷儒生为了吸鸦片,把大鼓卖掉了。放假时,林家的孩子们回到坂仔,本打算再在"钟鼓之争"中显一番身手,岂料大鼓已经"失踪",他们就以"胜利者"自居,而坂仔居民也为再也无法观赏那热闹的对台戏而扫兴。

若干年后,坂仔的老年人都还不时地追忆当年钟鼓齐鸣的场面;又若干年过去了,当年"钟鼓之争"的目击者所剩无几,而教堂、钟楼,以及林语堂的故居均已荡然无存,唯有那口外国运来的大钟静悄悄地躺在院落的一角……

"钟鼓之争"使林至诚的孩子们以顽皮而闻名坂仔。几乎谁都知道,林家孩子中最顽皮的是那个名叫和乐的小男孩,他那智力型的恶作剧,曾使铭新小学的教师毫无办法。

有一次,学校考试,在阅卷过程中,教师惊讶地发现全班

第一章 "山地孩子" 梦想浮翩

学生都轻而易举地得了高分。教师为学生们的突飞猛进而欣慰时，又觉得事情有点蹊跷，明知有"鬼"，却不知道"鬼"在哪里，而学生们都在暗暗好笑。原来，考试的前一天，林语堂潜入教师的住所，偷看了试题。教师也想到了泄题的可能，于是把可疑对象逐个排除，但就没有怀疑到林语堂身上。因为，林语堂一向是成绩优异的高才生，他不需要复习就可以考得高分，从不把考试当一回事。教师断定林语堂没有"作案动机"，所以，一开始就把他排除了。然而，正是这个稳拿高分的高才生，为了表示对考试的轻视，也为了寻开心，故意去偷看试卷，让全班同学都得了高分。

大作家并不是天生的。林语堂也是经过千锤百炼才达到散文家和小说家的写作水平，铭新小学的作文老师曾批评林语堂作文行文的拙笨，评语是一句文言文："如巨蟒行小径。"

林语堂觉得这句评语很有意思，他自言自语，重复地念着："如巨蟒行小径，如巨蟒行小径……"突然，灵感来了。这是对对子的灵感，"似小蚓过荒原"的下联自然而然地脱口而出。成年以后，每每回想起这一副偶成的对联，林语堂总感到非常得意。

一个"头角峥嵘"的孩子！这似乎成了人们对小和乐众口一词的评价。那么，他到底有哪些"头角"呢？顽皮吗？好恶作剧吗？这些都是孩子的通病，也许有人认为这根本称不上"头角"，因为这是孩子的天性。实际上，对小和乐来说，他不断编织的一个又一个新奇的梦、孩子的梦，才是真正属于他自己的"头角"。

林语堂自许有一个梦想家的父亲和一个梦想主义的家庭，在这梦想家的摇篮里，他的头顶上曾升起过无数个彩色的梦。童年时代的小梦想家为把梦想变成现实曾做过许多有意义的尝试。

他梦想当医生，要发明包医百病的灵丹妙方。他认真地试验着配制了一种治外伤的药粉，取名为"好四散"，不顾两个姐姐的取笑，他自信"好四散"有药到病除的奇特功效。

他梦想当发明家，常到码头上去观看来往鼓浪屿的小轮船，船上的蒸汽引擎使他很感兴趣。他还想依照虹吸物理原理制造一架抽水机，让井里的水自动流进菜园里。苦苦钻研数月之久，最后因为一个关键问题无法解决，他只得暂时放弃发明抽水机的打算。

他梦想长大后开一个"辩论"商店，因为他是一个有辩论才能的孩子，哥哥们称他为"辩论大王"。他想发挥自己善于言辞的优势，像摆擂台似的，提出辩论命题，向人挑战，或接受别人的挑战。

他梦想成为一个全世界闻名的大作家。幼时，小和乐曾天真地对父亲说："我要写一本书，在全世界都闻名……"1903年，8岁的小和乐为实现当作家的愿望，就偷偷地学习创作，他的第一部"作品"是一本有趣的"教科书"，这自编的"教科书"倒还真有点儿独特的风格，采用一页课文接着一页插图的体例，与看图识字的幼儿教材有相似之处，又不尽相同。因

为小和乐采用文言文的《三字经》的形式来编写自己的"教材",第一页上写着:

人自高　终必败　持战甲　靠弓矢
而不知　他人强　他人力　千百倍

另一页上编写了一只蜜蜂因采蜜而招致焚身之祸的故事。

　　一天,大姐发现了小和乐的这本"处女作",所有的兄弟姐妹争相传阅,大家都觉得小和乐的作品十分有趣。因此,一见他就逗趣地背诵:"人自高,终必败……"使这位胸怀大志的小梦想家羞得抬不起头来。70年后,1975年4月,在国际笔会第40届大会上,林语堂被选为国际笔会总会的副会长,他的长篇小说《京华烟云》也在这次大会上被推举为诺贝尔文学奖的候选作品,当年小梦想家不知天高地厚的梦想竟奇迹般地变成了现实。

　　飘在空中的和浮在水上的梦想,可能永远是个梦;但如果梦想的种子落在奋斗的土壤里,就会唱出希望之歌,这希望的春芽,虽然渺小,却青翠欲滴,孕育着一个偌大的绿色的世界。

　　1912年,林语堂中学毕业了。毕业后,怎么办?当然上大学!上什么大学?当然是圣约翰大学!这是父亲和哥哥早就为林语堂设计好的前程。那一年,二哥林玉霖即将从圣约翰大学毕业,已经可以资助林语堂去上大学了。但是,家里的经济

幽默与爱情：林语堂与廖翠凤

仍很拮据，因为自从几年前卖掉了祖母在漳州的房子之后，家里再没有可变卖的祖产了。事到临头，父亲算了又算，还缺少100块大洋。林至诚有一个富有的学生，只要林开口，找他借100块大洋是不成问题的。但他总觉得老师向学生借钱，难以启口。直到临行前，实在别无他法，林至诚才硬着头皮去借来了这笔钱。看到父亲为借钱而为难的样子，林语堂的心都快要碎了，他立志要以发奋成才来报答父兄们的养育之恩！

终于来到了圣约翰！圣约翰，林语堂梦寐以求的地方，从父亲和哥哥的嘴里，在他自己的梦境中，林语堂早就熟悉了圣约翰。

这座圣公会办的教会大学坐落在上海苏州河畔，全部校舍都是清一色的西洋建筑。每栋红砖楼房里面，似乎都隐藏着林语堂所渴望探求的西方文化的奥秘；每一间教室中间，仿佛都是一个旋涡，但那不是陷阱，也不是圈套，而是许许多多交织在一起的问号——知识的问号、人生的问号、未来的问号……

圣约翰，也像一艘航船，这是艘给林语堂带来希望的航船。在中国传统文化的汪洋大海里，这是一艘每个螺丝钉都来自西方世界的航船，然而，它的乘客都是中国人。林语堂企图借助这艘航船登上文明的彼岸。

1912年的圣约翰，以它高水准的英文教学而名冠全国，它培养了中国的一代外交人才，是颜惠庆、施肇基、顾维钧等外交家的母校。所以，它在国际上享有相当的声望。当林语堂刚入学的时候，圣约翰也许没有意识到，这个牧师的孩子将为圣约翰的校史增添自豪的一页。

可是，林语堂却从来也没有盲目地赞颂过圣约翰，他对母校的褒贬，倒是持论公正的。他说，圣约翰"的确是学习英文最好的大学，而在学生们心中，这也就是圣约翰大学之所以存在的缘故。虽然它是圣公会的，它对大多数的学生的秘密使命却是培植为成功的买办来做上海大亨们的助手。事实上，学生英文的平均水准，并不超过一个买办的条件。"

一个向量，是正是负，要看你追求什么；一个砝码，是重是轻，要看你怎样追求。林语堂追求的是知识，在知识面前，他永远是一个饥饿的孩子。然而，从中学到大学，从厦门寻源书院到上海圣约翰，林语堂求知的天性不断受到种种人为的束缚。儿时，他是家庭的宠儿，他的求知欲在坂仔的小天地里得到了充分发挥；离开坂仔以后，厦门和上海的教会学校的各种不近人情的教学管理制度使"头角峥嵘"的林语堂感到难以忍受。虽然，从经济的角度上看，教会学校为他这个穷孩子提供了有力的资助，他始终心怀感激。但从文化教育的角度上看，教会学校欠了林语堂一笔"债"，那就是教会学校当局不准中国学生接触中国文化（特别是民间文化）的规定，使林语堂和中国传统文化之间出现过一个长达十多年的文化"断层"。对于自幼酷爱中国文化的林语堂来说，这是一个巨大的精神损失，他曾愤慨地说："我的中等教育是完全浪费时间。"

平心而论，"完全浪费"一语，有点儿偏激。因为，书院

| 幽默与爱情：林语堂与廖翠凤

毕竟给予了他外语、地理、算术、地质等科学知识。然而，权衡得失，好像得不偿失。因为，学校教育一刀切地割断了中国学生和本国文化的联系，甚至不准学生看中国戏剧，把站在戏台下或盲人唱梁山伯祝英台恋爱故事视为是一种罪孽，以致林语堂在20岁之前知道古犹太国约书亚将军吹倒耶利哥城，知道耶和华命令太阳停住以使约书亚杀完迦南人等圣经故事，却不知道孟姜女哭塌长城的民间传说，不知道后羿射日、嫦娥奔月、女娲补天等中国神话故事。这一切都是这个文化"断层"所造成的后果。

所谓"断层"，并不是一刀两断的意思，并不是"断"得对中国文化一无所知。因为，早年父亲的"庭训"使他对儒家文化打下了扎实的基础。所以"断层"只是指相对地削弱了林语堂和民间文学、市民文学的联系。林语堂万分惋惜地谈论过这个"断层"所造成的损失。他在《从异教徒到基督教徒》中说：

> 基督教教育也有其不利之处。这点我们可以很快看出的。我们不只要和中国的哲学绝缘，同时也要和中国的民间传说绝缘。不懂中国哲学，中国人是可以忍受的，但不懂妖精鬼怪及中国的民间故事却显然是可笑的。刚好我童年所受的基督教教育太完美了。那是因为我的教会是加尔文派。我不准去听那些漳州盲人游吟歌手用吉他伴奏所唱的古代美丽的故事。……我十分愤怒。我被骗去了民族遗

产。这是清教徒教育对一个中国孩子所做的好事。我决心反抗而沉入我们民族意识的巨流。

在圣约翰大学,林语堂和在寻源书院时一样,是一个常年考第二名的高才生。只要稍微再花一点儿功夫他就有把握去争取第一名的,但他不愿意。原因很简单,林语堂向来对课堂学习不大认真,觉得太容易了,无须花费力气,这是其一;其二是林语堂有一条座右铭:凡做什么事都不愿居第一。所以,无论在哪一所学校,每逢考试来临,别的学生正在"三更灯火五更鸡"地苦读时,他总是逍遥自在地游荡。

当年,上海的苏州河还没有受到严重的环境污染,虽然说不上清澈见底,却也是个鱼虾藏身之地。圣约翰大学的学生常来此垂钓,可以捕捉到鳗鱼、鲦鱼和其他小鱼。但到考试前夕,平时热闹的河湾却冷冷清清,因为学生们要为高分而拼搏,哪里顾得上钓鱼。然而,就在河湾最冷清的那几天里,常常有一个衣着朴素的学生,逍遥自在地垂钓。由于竞争者减少,钓上鱼的机会相对增大,所以他每天都能满载而归,这个学生就是林语堂。

有一次,临考前一天,一位同学被林语堂在苏州河边的丰收所诱惑,决定跟林语堂一起去钓鱼。晚上,那同学高兴地检点着自己的战利品。而这个胜利的钓鱼者在次日的考试中却一败涂地。可是,同去钓鱼的林语堂仍然考出了高分。看来,林语堂的学习方法只适合于他自己,你可以羡慕,却难以模仿,简单的模仿，只会得到"东施效颦"的结果。

林语堂不愿让考试来束缚自己无拘无束的天性。想钓鱼就去钓鱼，绝不为分数而放弃钓鱼，他自信如果再努力一点儿，可以在班上成为第一名，但他不干，宁可轻轻松松地得一个第二名。正好在同学中间有一个和他一样聪颖，并且把课堂上教师所教的各种功课当作学习的目标，肯为分数而死记硬背的"傻小子"，于是，第一名就让这个"傻小子"夺走了。对此，林语堂毫不可惜，因为他深知死读书得来的分数，就像留在松软的沙滩上的脚印，随时会被潮水抹掉。

大学二年级结束时，林语堂大出风头。

结业典礼上，他荣获三种奖章，同时又代表讲演队登台领取优胜的银杯。在同一典礼上一人四次登台领奖，创造了圣约翰大学的领奖纪录，轰动全校。

当时，圣约翰大学和圣玛丽女子大学为邻，林语堂创造领奖纪录的佳话，很快传到了女校。于是，圣约翰的宠儿又变成女校姑娘们心目中的白马王子，他像一片云彩，飘逸在苏州河边的教会文化小区的上空。

浪花总是沿着扬帆者的路开放的。林语堂轻易荣获高分的奇迹被传为美谈的同时，他在体育竞赛中获得的奖章也引人注目。这位校园明星与传统高才生的老气横秋、弱不禁风的面貌截然相反，他朝气蓬勃、文武双全。

林语堂是多项体育运动的出色选手。他既是圣约翰大学划船队的队长，又是一英里（约1.6093公里）赛跑纪录的创造者，而且还代表中国参加过远东运动会，甚至差一点儿就获得了奖牌。

他打网球、踢足球，还从夏威夷留学生根耐斯那里学会了打棒球的技术，是一名精于投上弯球和下坠球的垒手。

圣约翰的校园有美丽的草坪，芳草如茵；有高大的乔木，绿荫如盖。生性向往自然山水的林语堂，常在这草木葱茏的景色中流连忘返。然而，最吸引他的，还是那激发他竞争意识的运动场。网球场、足球场、棒球场上时常可以看到林语堂矫健的身影。圣约翰时代的业余运动员生涯造就了他壮健的体魄，使他终身受益。林语堂在回忆校园生活时说："我在圣约翰大学的收获之一，是发展饱满的胸脯；如果我进入公立的学校，就不可能了。"

青春似火。在圣约翰的那几年，林语堂风华正茂，是校园里的风云人物。这位全能型的校园文化积极分子，还是一名口才出众的演说者，经常在演讲比赛中获胜。林语堂自幼爱好辩论，儿时，有人问他长大后的志向，他回答说：（一）做一个英文教员；（二）做一个物理教员；（三）开一个"辩论"商店。"辩论"商店这一条，在大人眼里，自然是孩子的戏言，但在林语堂这里，却是认真的回答。他以有"辩才"，爱好"辩论"而闻名于同龄人之中，在家里，他还有一个绰号："论争顾客"。此刻，大学校园为这位爱辩论的"论争顾客"提供了竞赛的场地。

可是，父亲对林语堂在文体方面的成绩并不感兴趣。有一

幽默与爱情：林语堂与廖翠凤

次，父亲来上海，去运动场观看比赛，参赛的选手林语堂借机大显身手，但父亲看后不以为然。因为父亲只关心智育，不关心体育，老人家认为体育竞赛中的胜负与智力上的角逐不相干，他只关心儿子在智力竞争中的成果。

也许，这是近代中国特定社会环境下的一种历史的巧合，中国新文化和新文学运动的健将们，大多数是从理工科转到文科的。因此，"弃×从文"，成了鲁迅、胡适、郭沫若、郁达夫等人的共同经历。林语堂的道路，虽然不能硬套"弃×从文"的模式，但他和鲁迅等人也有一个相似之处：他并不是因为对数理化不感兴趣才去当文学家的。

儿时，林语堂曾经有过当物理教员的志向。那时，他对创造发明机器机械有浓厚的兴趣。在学校刚学到虹吸原理，他立即理论联系实际，想发明一个汲水装置，让井水自动地流进家园。他一见机器就会着迷。在去厦门的小轮船上，他目不转睛地凝视着船上的机器装置，构思着自己的"小发明"；后来在学校见到活塞引擎图，才终于充分了解了蒸汽机的原理。

林语堂在中学时，最喜欢数学和几何；进入圣约翰大学，他注册入文科是出于偶然的因素。直到大学毕业20多年后，林语堂已成为遐迩闻名的文学家，但只要一提到当年在圣约翰大学注册读文科的往事，他仍为那次历史的误会而感到惋惜不已，甚至在《林语堂自传》中说：

至今我仍然相信我将来最大的贡献还是在机械的发明

一方面。……我仍然相信我将来发明最精最善的汉文打字机,其他满腹的计划和意见以及发明其他的东西可不用说了。如果等我到了 50 岁那一年,那时我从事文学工作的六七年计划完成之后,我忽然投入美国麻省理工学院里当学生,也不足为奇。

林语堂的大学生活是一帆风顺的,但这并不意味着航船所行驶的是一条笔直的航线。刚入学时,林语堂根据父亲的意思在圣约翰的神学院注册。可是,不久,他成了弗洛伊德学说的崇拜者。他在《从异教徒到基督教徒》中说:

一切神学的不真,对我的智力都是侮辱。我无法忠实地去履行。我兴趣全失,得的分数极低,这在我的求学过程中是很少见的事。监督认为我不适于做牧师,他是对的。我离开了神学院。

播种是要选择土壤的,即使是一颗有顽强的生命力的种子,撒在树顶上或光瘠的岩石上,也无法生根发芽。林语堂怀着一颗充满青春活力的心,跃跃欲试,像一只活泼的小松鼠,寻找着一切可吃的东西,而神学院的条条框框,使他感到极不舒服。在生活的每一领域里,他几乎都在向一切羁绊挑战,神学领域,自然也不例外。有一次,林语堂代替父亲讲道,他心血来潮地大肆发挥,而父亲作为一名虔诚的牧师,对儿子那番标新立异的演说,无所措手足。这一次别开生面的讲道发生在林语堂大学二年级的时候。那年夏天,林语堂回家过暑假,父亲让他讲道,林语堂当仁不让,他选择了一个讲题:"把《圣经》当文学来读。"他对坂仔的乡民们畅谈耶和华是一位部落之神,帮助约书亚消灭亚玛力人和基奈人,宣传耶和华的"进化"观念;他还即席发挥,说《约伯记》是犹太戏剧,《列王记》是犹太历史,《雅歌》是情歌,《创世纪》和《出埃及记》是有趣的犹太神话和传说;等等。这次离经叛道的演讲,使父亲清醒了:儿子的才智出众,但不适宜当神职人员。

第二章 初涉爱河 一波三折

幽默与爱情：林语堂与廖翠凤

爱的大海宽广而深沉，但每一艘爱情的航船仅能搭乘一对旅伴，林语堂经历了两次失恋的痛苦之后，直到第三次，才成功地找到了愿登上他的爱情之舟的终身伴侣。

在坂仔，那浅蓝色的起伏绵亘的山丘的半山腰上，开满了鲜花。在这花香飘溢的地方，隐藏着一间被林语堂戏称为"鹭巢"的小屋，那里住着他初恋的少女赖柏英。

清晨，赖柏英婉转的声音在荔枝林里回响，林语堂的心神随着她的声音飘逸到了梦幻般的世界，这是林语堂少年时代最欢欣的时刻。

赖柏英的母亲是林语堂母亲的教女，如果按照封建的辈分来排，林语堂还是赖柏英的长辈哩。可是，这一对同龄的伙伴，青梅竹马，两小无猜。

林家在山谷底的西溪河畔，和半山上的"鹭巢"相距五六里的样子。村里逢集时，赖柏英下山来赶集，给林家带来新鲜的蔬菜、竹笋，或者她母亲做的糕点。炎热的夏天，山上凉快，林语堂就上山去玩。赖柏英俨然以"鹭巢"的女主人自居，拿荔枝来招待客人。她还和客人们比赛吃荔枝，她总是得胜，男孩子们才吃一粒，她已经连吐三粒核。她有一个绝招：

荔枝核从她嘴里吐出来并击中一米半以外的目标。荔枝吃多了要坏肚子的，但赖柏英自有对付的办法：喝一勺酱油就行了。

他们还常到小溪流中去捉鲦鱼、螯虾。在河岸上，有许多蝴蝶和蜻蜓。他们异想天开地设计了一种有趣的游戏：赖柏英的头发上戴一朵花，然后悄悄地躲进树丛里，等蝴蝶落到她头发上后，她才慢慢地站起来，轻轻地从树丛里走出来。这游戏的趣味就在于看她能走多远，而不会把蝴蝶吓跑。蓝绿色的燕尾蝶很机警，赖柏英一站起来，它们便马上飞走；而那种橘黄带有黑色的蝴蝶很容易被抓到；最容易抓的是蜻蜓……

情人眼里出西施。这位头栖蝴蝶的少女，在林语堂眼里，浑身上下无处不美：她鹅蛋形的脸是美的，她那被称作"橄榄"的偏瘦的身材也是美的，她站在半山腰的晴空下，头顶青天，乌丝随风飞舞的画面，当然美不可言……然而，最美最美的——在情人眼里——不是她的面容和身材，而是她的那一双脚。

赖柏英喜欢赤足。她经常静悄悄地走过草地，站在林语堂的身后，猛然蒙住林语堂的眼睛，天真地问道："谁？"

"当然是你嘛！"林语堂说着，一把抓住她的手，而她敏捷地挣脱开，逃走了，然后他在她后面追赶……

他注视着她那双飞驰着的脚——在情人眼里——这是一双举世无双的美足！

"她的脚在群山间，是多么美丽！"一句《圣经》中的话从林语堂的知识信息库里跳了出来。

幽默与爱情：林语堂与廖翠凤

《赖柏英》是林语堂所创作的"自传小说"，其中虽有相当多的虚构成分，但关于赖柏英的描写大半是真实的，小说中的"新洛"，就是林语堂以自己为"模特儿"而创造的一个男主人公。林语堂借"新洛"的嘴，又一次赞美了初恋少女的那双脚。

"新洛"在谈及赖柏英时，说：

"我崇拜她脚上的泥巴。"

"整个新加坡还没有一个女孩子够资格吻她脚上的泥土呢。"

一首诗要有诗眼，而女人的"诗眼"就是她的魅力。魅力到底是什么，谁也说不清，是蒙娜丽莎神秘的微笑，是林黛玉多情的眼泪，是索菲亚·罗兰性感的嘴唇，还是邓肯优美的身段和舞姿……不管魅力是什么，有一点却可以完全肯定：在林语堂的心目中，赖柏英的魅力在脚上。

那年假期，林语堂从圣约翰大学回到坂仔，他向赖柏英透露了出国留学的抱负，同时也倾吐了久藏在心中的愿望，希望赖柏英跟他一起去创造新的生活。但赖柏英却坚持要留在山村，伺候双目失明的老祖父。她不是一个爱情至上主义者，在忠孝和情爱之间，她选择了前者，放弃了后者。反过来，她还企图说服林语堂留在家乡。

这时，雄心勃勃的林语堂，像一只已经展翅的山鹰，不会再满足于"鹭巢"周围的狭小天地，志在更高更远的天涯海角。他同样也不是一个爱情至上主义者，所以，在理想和情爱之间，他的选择也是前者。

于是，那延续多年的充满幻想、充满诗情画意的初恋，不得不匆匆落下帷幕。他们遗憾地但又友好地分手了，在两颗纯洁的心灵上留下了一段永远是魂牵梦萦的初恋之情。

在自传小说《赖柏英》中，林语堂用细腻的笔触表现了赖柏英和恋人告别时的依依不舍之情。

> 新洛激动地抚摸她的头发，盯着她的眼睛，把她的脸托起来。她似乎有点儿怕，迟疑了一会儿，然后就听任他轻飘飘吻在她唇上。她满面羞红，一句话也不说。刚才卫士般的理性还战胜了内在的情感，现在却柔顺异常。这一吻使她动摇，她忽然愁容满面。
>
> "你不高兴和我在一起了？"他问她。
>
> "高兴。我真希望能永远这样。你、我和我的田庄永远聚在一块儿。"
>
> "你的田庄，对你就那么重要？"
>
> "是的。不只是田庄，那是我的家庭。你不懂……"
>
> 完美幸福的一刻已经过去，阴影向他们袭来。
>
> 回到河滩上，她说："新洛，我爱你，以后也永远爱你，但是我想我不可能嫁给你。"
>
> 他们已经道出彼此的真情，双方都有新的谅解存在。到达山间的隘口，新洛抬头一看，太阳映着石坑崎岖的棱线，顶端有一个大山隘，也就是一个深沟，横在陡直的峭

壁间，很像落牙留下的齿坑。近处则是一片绿紫相杂的山腰，围绕着他们。

柏英坐在草地上穿鞋袜。"你在看什么？"她发现他呆呆站着，就问他。

"我在想，我们有一天若能携手共游那个石坑，不知有多好，我看你站在隘口中间，俯视我，召唤我。我会把一切丢开，追随你，追随你和群山。"

"我在这儿，山也在这儿。"她已经站起来，"你还要什么？"她银铃般的声音消失在山隘里，和鸟叫声融成一片。

那天下午，他们慢慢前进，高兴得忘了自己走了多少路。她不再害羞了，大部分时间都把手环在他腰上。有时候他们必须一上一下爬过小山。她的步子没有慢下来，反而加快了。有时候她上山下山，两步并作一步走。

有一刻，她对他说："世界上还有比我们这儿更美的山谷吗？你已拥有这些山，也可以得到我。为什么你一定要出国呢？"新洛没搭腔，她又说："就算你住在漳州，我们也有香蕉、甘蔗、朱栾、桃子和橘子，还有各种鱼类和青菜。外国港口有的东西，我们哪一样没有呢？"

新洛告诉她，在西方世界、外国有很多东西；他一定要上大学去研究，他父亲也希望他去。

"你看到外国，会学到什么？"

"我不知道。"

第二章
初涉爱河 一波三折

"你觉得你会像我们现在一样快乐?"

"我不知道。"

她甩甩头,脸上有伤心的表情。

"好吧,那你去吧。我打赌你不会快乐。我想你也不会回到我身边,因为我那时一定嫁人了。"

她好像要打一仗逼他留在家乡似的,其实她只是说出自己平凡的意见。因为当时她语气十分肯定而自信,甚至带有一点儿挑战意味,所以他始终记得那几句话。

赖柏英和"新洛"告别前的场面,实际上就是重现了当年林语堂和赖柏英离别时的情景,因为,"新洛"就是林语堂的化身。所以,1963 年,被林语堂称为"自传小说"的《赖柏英》出版后,林语堂的这一段鲜为人知的初恋史就公之于世了。同时也破译了一个长期以来使人迷惑不解的"文化密码"——那就是为什么林语堂对家乡的"青山"和"山景"有一种异乎寻常的特殊感情。因为,虽然热爱家乡的山水,是古今中外许多文人墨客的共性,但是像林语堂这样对家乡山水迷恋到如醉如痴程度的,并不太多。直到林语堂和赖柏英的恋情"曝光"以后,人们才恍然大悟地把这段恋情和林语堂几十年来对坂仔山水的痴恋联系到一起。

林语堂在不同的场合,曾多次把家乡的青山的力量夸张到神秘化的地步。然而,真正的点睛之笔是《赖柏英》中"新洛"的那段表白:

幽默与爱情：林语堂与廖翠凤

> 柏英和我都在高地长大，那高地就是我的山，也是柏英的山。我认为那山从来没有离开我们——以后也不会。

原来如此——林语堂痴恋坂仔山水的奥秘是：他以乡情、乡思、乡意为载体，寄托了铭心刻骨的初恋之情。

原来如此——把爱情寄托于乡情，爱情和乡情互为表里，通过对家乡山水的痴恋折射了他对赖柏英的思念，于是自然美和爱情融合为一。

值得一提的是，在现实生活中林、赖的恋情，发乎情，止乎礼，没有越轨行为，而在"自传小说"里，不知出于什么动机，林语堂竟虚构了赖柏英怀孕的情节。

和赖柏英分手后，一位美貌的少女闯入了林语堂的情感世界，她就是陈天恩医师的女儿陈锦端。

陈天恩是基督教竹树堂会长老，生有九子八女。他早年追随孙中山先生，在"二次革命"的讨袁战争失败后，一度逃亡菲律宾，回国后，热心教育，办学校，并创办了榕城福建造纸厂、厦门电力厂、淘化大同公司、福泉厦汽车公司。陈天恩的次子陈希佐、三子陈希庆是林语堂在圣约翰大学时的好友。周末，三个好朋友常在一起看电影、逛校园，或者到附近的杰克餐厅吃牛排。

那时，青年男女几乎没有什么交往的机会，即使做礼拜，圣约翰大学的男生和圣玛丽女子大学的女生也是分别去教堂的。但因为有两个哥哥在圣约翰读书，所以，在圣玛丽上学的陈锦端便有机会结识哥哥们的好友林语堂。

陈锦端不仅楚楚动人，而且天真烂漫。她活泼大方，丝毫没有同龄女孩子的那种故作忸怩的毛病。她有艺术的天赋，画得一手好画。在林语堂的心目中，她就是美的化身，他喜欢她爱美的天性，喜欢她无忧无虑的自由个性，喜欢她……她将她那瀑布似的秀发，用一个宽长的夹子夹在脖子后面，额前的刘海儿在微风中吹动，她发亮的眼睛在对他会心地微笑，他已一见钟情地爱上了她，简直愿意把自己的心掏出来呈献在她的面前！

爱情点燃了他智慧的火花，他的智慧是属于她的。

"什么是艺术？"陈锦端问。

"艺术是一种创造力，艺术家的眼睛像小孩子的眼睛一样，看什么都是新鲜的。将看到的以文字以画表现出来，那便是艺术。"他说，"我要写作。"

"我要作画。"她说。

由于陈锦端的存在，他觉得世界上的一切都是美好的：雨珠沿着窗子的玻璃坠落，是美的；叶子从树枝飘落，也是美的；一只麻雀飞到屋檐下避雨，仍然是美的。

虽然，他俩从未单独在一起——旁边总有她的两个哥哥"保驾"——但是，林语堂对陈姑娘的爱慕之心已溢于言表，而她似乎也无法抗拒这位才子的强大的吸引力。于是，丘比特的箭在两个青年人的头顶呼啸。

放假回到厦门，林语堂经常以找陈希佐为名，到陈家做客,他真正的目的当然是找陈锦端。陈天恩医师知情后,决定棒打鸳鸯。因为陈天恩早已听说林语堂对基督教的信仰不坚定,所以认为林语堂虽然聪明,却靠不住,不能把自己的长女——掌上明珠许配给他。

婚姻大事取决于"父母之命,媒妁之言",这在"五四"以前是中国的老规矩。因此,陈天恩医师没有遇到很大的困难就成功地阻挠了女儿的恋爱。

当初,处在热恋中的林语堂还在盲目地编织着才子佳人的美梦,他在柔情蜜意中憧憬着未来,他忘记了严酷的现实。什么"传统观念",什么"门当户对",什么"父母之命",根本无暇思索,他就像一个纵马疾驰的骑手,只顾骑着骏马往前奔驰,而不问路程的前途如何:马会不会冲进深渊?船会不会触到暗礁?……在爱情魔力的诱惑下,他完全忘记了自己和心上人之间横着一条又深又宽的鸿沟……现在,林语堂爱情的幻想破灭,他垂头丧气地回到坂仔,悲恸欲绝,那痛苦似乎都凝固在脸上了,既不扩散,也不消失,他一动也不动,一声也不吭,呆呆地坐着。家里人见他愁容满面,却不知道究竟发生了什么事。

夜深人静,母亲手提灯笼来到他屋里,想安慰他几句。这时,他再也克制不住了,那压抑了许久的泪泉,冲决了理智的闸门,急骤地喷涌出来。失控的感情,像脱缰的马,像暴发的山洪,倾泻下来。他痛哭不停,一直哭到瘫软在地上。只有在二姐美宫去世时,他曾这样伤心地哭过。但眼泪是不可能填平那世俗的鸿沟的。

次日，大姐瑞珠回娘家听说了他失恋后的失态，不仅没有安慰他，反而不断地责备他："你怎么这么笨，偏偏爱上陈天恩的女儿？你打算怎么养她？陈天恩是厦门的巨富，你难道想吃天鹅肉？"

陈天恩知道自己的干涉会使林语堂受到伤害，为了不使这个有才气的青年过分悲痛，他替林语堂做了一个媒——把邻居廖悦发的二小姐廖翠凤介绍给林语堂。

豫丰钱庄老板廖悦发，也是厦门鼓浪屿的富商，在厦门有自己的码头、仓库和房产。妻子林氏生有三男三女。廖家既是虔诚的基督教徒，又有根深蒂固的男尊女卑的传统意识。对女儿的管教十分严厉，女儿从小就要学会烹饪、洗衣服、缝纫。吃饭时男女分桌，在廖悦发面前谁都不敢多说话。廖悦发是个家庭暴君，外貌威严，脾气暴躁，动辄骂人，尤其是骂老婆和女儿。儿子们都学他的样子，所以，男人骂女人成了廖家的风气。

说来也巧，廖翠凤的二哥是林语堂在圣约翰大学的同学，而林语堂的大姐曾在毓德女校与廖翠凤同学。大姐很赞成这门亲事，向林语堂和家人们介绍了廖二小姐的许多长处，说她是端正大方的姑娘，皮肤白皙，有一双明亮的大眼睛，高高的鼻梁，人中很长，一对大耳朵，薄薄的嘴唇，非常有福相，有大家闺秀的风范，一定是贤妻良母。在家人的推动下，失恋的林语堂接受了这门亲事。

幽默与爱情：林语堂与廖翠凤

而廖翠凤则早已从二哥那里听说林语堂是圣约翰大学出类拔萃的特优生，曾在一次典礼上四次上台领奖，开创了学校登台领奖的纪录。现在，这位带有传奇色彩的风云人物揭开了神秘而又奇妙的面纱，活生生地出现在廖二小姐的面前——林语堂应邀在廖家吃饭时，廖二小姐躲在屏风后偷偷地观察这位圣约翰大学的高才生，见他一表人才，又无拘无束。吃饭的时候，林语堂胃口极好，而廖二小姐却在数他吃了几碗饭，并把他在旅途中穿的那些脏衣服拿出去洗了。一股情感的热流在姑娘的胸中激荡，"白马王子"已经闯入了姑娘情感世界里的那一片最神圣、最纯洁的"禁区"。

订婚前，母亲提醒女儿："语堂是个牧师的儿子，但是家里没有钱。"

"穷有什么关系？"女儿轻松地回答。

因为廖二小姐择夫的标准是"才"，她爱的是林语堂人才难得，她不嫌贫爱富。她对自己能与林才子结合而感到十分自豪。她回答母亲的那一句话，真是一言九鼎，是奠定之后50多年的金婚良缘的第一块基石。后来，每逢回忆往事，廖翠凤都要为当初的果断选择而得意地笑。

1915年，林语堂和廖翠凤订婚后，仍回圣约翰大学读书。1916年毕业后，林语堂又忙于筹备出国留学，于是婚事一拖再拖，叫廖姑娘苦等了四年之久。这可把廖姑娘等急了，她担心半路上杀出一个"白雪公主"来拐走了她的"白马王子"。有时，她实在忍不住了，就对人说："这位林语堂先生和我订婚四年了，为什么还不娶我呀？"

1915年，也就是"五四"新文化运动爆发的前四年，按照中国传统社会的惯例，即使是订了婚的未婚夫妇也仍然不能越过"男女授受不亲"的马其诺防线。当然，生活在通商口岸鼓浪屿的廖家，要比当年一般的中国家庭开通些。然而，所谓"开通"的内涵，充其量不过是允许林语堂和廖翠凤在廖家那间敞开了大门的大客厅里相对而坐罢了。对20世纪80年代的青年情侣来说，这简直是难以接受的束缚，但对当年的林语堂和廖翠凤来说，家庭的这点恩赐他们已经满足了。廖女士说："50年前，订婚夫妇能相对而坐，已经是了不起的开明。"况且，他俩还可以瞒着家长偷偷地鸿雁传书哩。

1919年7月9日，有情人终成眷属，林语堂和廖翠凤在鼓浪屿一座英国圣公会的教堂里举行了西洋式的婚礼。然后，两人踏上了开往美国的轮船——林语堂去哈佛大学的旅程，就是这对新婚夫妇的蜜月旅行。

婚后，林语堂对妻子说："把婚书烧了吧，因为婚书总是离婚时才用得着！"

在林语堂看来，婚礼、婚书都只是形式而已，两情若是久长时，又岂在形式乎？为了表示忠于爱情的内容和对婚姻形式的轻视，林语堂夫妇把婚书拿出来当场付之一炬。

林语堂和廖翠凤都很有先见之明，因为这张"离婚时才用得着"的婚书，对于白头偕老的"金玉良缘"来说，确实是毫无用处的。

幽默与爱情：林语堂与廖翠凤

林语堂与廖二小姐订婚时，那位使林语堂神魂颠倒的陈小姐去美国密歇根州的霍柏大学攻读美术了。留学回来后，她在上海中西女塾教美术。陈小姐32岁时才与留美生、厦门大学教授方锡畴结婚。林语堂在上海时，陈小姐是林家的贵客，每次都受到隆重的接待。据林太乙在《林语堂传》中回忆：

> 父亲对陈锦端的爱情始终没有熄灭。我们在上海住的时候，有时锦端姨来我们家里玩。她要来，好像是一件大事。我虽然只有四五岁，也有这个印象。父母亲因为感情很好，而母亲充满自信，所以会不厌其详地、得意地告诉我们，父亲是爱过锦端姨的，但是嫁给他的，不是当时看不起他的陈天恩的女儿，而是说了那句历史性的话，"没有钱不要紧"的廖翠凤。母亲说着就哈哈大笑，父亲则不自在地微笑，脸色有点儿涨红。我在上海长大时，这一幕演过许多次。我不免想到，在父亲心灵最深之处，没有人能碰到的地方，锦端永远占一个地位。

与陈锦端的爱情悲剧给林语堂的心灵造成了永远无法弥补的创伤。只有最接近他、最熟悉他的人，才能从细枝末节中察觉出林语堂是带着一颗受伤的心走完自己的生活道路的。他一直在极力掩盖自己的隐痛，可是，有时却会情不自禁地暴露出内心的秘密。林语堂在《八十自叙》中曾写过："我从圣约翰回厦门时，总在我好友的家逗留，因为我热爱我好友的妹妹。"

第三章 出国留学 同甘共苦

| 幽默与爱情：林语堂与廖翠凤

　　1915 年，林语堂和廖翠凤订婚后，林语堂又回到上海圣约翰大学，直到 1916 年毕业。林语堂是以第二名的优异成绩完成大学学业的，毕业后即被推荐到北京清华学校（现清华大学）任英文教员。在生活的面前，林语堂是一个永不知足的索取者。一到清华，出国留学的事宜就提到日程上来了。

　　浪花总是沿着扬帆者的路开放。从家庭的宠儿到圣约翰的"校园明星"，林语堂的生活是一帆风顺的。清华又一次为这个幸运儿提供了机遇。清华的全称是"清华留美学校"，是培养赴美留学生的基地。清华每年都把毕业生送往美国留学，除供给学费外，每月另有 80 美元津贴。清华又规定：任教三年的在职教师，也可由校方资助出国留学。根据这条规定，林语堂在 1919 年顺利地获得了留美的机会，美中不足的是，他只得到了一个半额奖学金，每月 40 美元。

　　尽管半额的奖学金，使林语堂的生活费只有其他人的一半，但他还是决定要把新婚的妻子廖翠凤一起带出去留学。这时，林语堂根本不算什么经济账。80 减半是 40，而 40 再除以 2，等于 20，这简单的算术表明了一个严酷的事实：林语堂的实际生活费只及其他留学生的 1/4。可是，爱情的价值是无法用简单的加减乘除来计算的，所以，经济上的困难并没有动摇这对新婚夫妇一起赴美的决心。

爱情——精神食粮，毕竟不能代替粮食充饥，林语堂之所以胸有成竹，是因为手里握有两张王牌。

其一，钱庄老板的女儿廖二小姐出嫁时拿到了1000银元的陪嫁。1919年，银元坚挺，那时的行情是：一块通称墨西哥银洋的银元，价值略高于一美元。如果每月从中取出40元来贴补生活开支，这笔1000银元的陪嫁，可供林语堂夫妇用两年零一个月。

林语堂的第二张王牌与胡适博士有关：自从林语堂在《新青年》杂志上发表了《汉字索引制说明》和《论"汉字索引制"及西洋文学》两文后，引起了胡适的注意。胡适凭自己的眼力，认定林语堂是一个人才。正受命为北京大学"招兵买马"的胡适，很想把林语堂"挖"过来。打听到林语堂只得到半额奖学金后，胡适的"人才流动"计划，就可以付诸行动了。因为，刚从美国回来的胡适，对美国的生活水准、中国留学生所需要的最低开支等情况了如指掌。当林语堂"当局者迷"时，胡适却是"旁观者清"：80美元供一个人用绰绰有余，而现在林语堂夫妇共享40美元，一人才20美元，肯定不够用。了解到林语堂的家底后，胡适博士决定为林语堂雪中送炭，每月资助他40美元，不过有一个附加条件：林语堂学成回国后，要脱离清华到北大来任教，因为这40美元是以北京大学的名义补贴给林语堂的。

幽默与爱情：林语堂与廖翠凤

水往低处流，人朝高处走。当年北京大学是中国新文化运动的大本营，文化精英的荟萃之地。林语堂"对新文化运动是坚定支持的"，对"首善之区"的最高学府——北京大学早已仰慕多时，趋之若鹜。现在，既有胡适博士的牵线，又有"物质刺激"，他当然求之不得。所以，胡适的建议正中下怀，两人一拍即合，达成了一项口头上的君子协议。

1919年秋季，林语堂自以为经济上有了保证，就在临行前和廖翠凤结婚了。廖女士下了花轿就登上了去往美国的海轮"哥伦比亚"号。林语堂出洋留学的航程，就是这对新婚夫妇的蜜月旅行。

父亲林至诚从坂仔赶来为林语堂送行。山村穷牧师当年在油灯下编织的"梦想"，已经实现了。这现实甚至比当年的"梦想"更加动人——新媳妇与儿子同行，父亲可以放心地把儿子交给这个能干的媳妇了。

实现梦想本是欢欣鼓舞的喜事，但此刻，离别的悲哀笼罩在父子俩的心头，他们都有一种不祥的预感：这是生离死别！后来，林语堂夫妇在德国莱比锡听到了父亲去世的消息。

在"哥伦比亚"号上，同船有62位清华毕业生，其中有像桂中枢、钱端升、钱昌祚这样的公费生，还有像林语堂一样拿半公费的郝更生、吴南轩、樊逵羽等人。廖翠凤像照顾一个大孩子似的关照着丈夫的生活琐事，提醒他：蓬松的头发该上点发油；皮鞋该擦一擦……

在哈佛大学，林语堂就读于比较文学研究所，在布里斯·皮瑞（Bliss Perry）、白璧德（Babbitt）、契特雷治（Kittrege）等教授的指导下学习。皮瑞教授在学生中最孚众望，林语堂的论文《批评论文中语汇的变化》曾得到皮瑞教授的好评。契特雷治教授在莎士比亚研究课上讲授伊丽莎白时代的英文，林语堂只听了一两次课，因为缺乏兴趣，就再也不去听课了。但契特雷治教授的学问，使林语堂非常佩服，林语堂称他为"活的百科全书"，他常穿着灯笼裤，身子笔直地在哈佛的校园里漫步，很有风度。

在这些教授中名声最大、对中国现代文学影响最深的，要数白璧德教授。在20世纪初的美国文坛上曾经有过一场剧烈的论争，白璧德就是其中一方的代表。白璧德的新人文主义思想是以传统的、保守的文化价值观对近现代资本主义文明的一种反观。白璧德企图恢复古典文化（古希腊文化、儒家文化、基督教文化和佛教文化）的精神和传统的秩序，以此来匡救现代文明的弊端。他强调理性和道德意志的力量，崇尚中庸平和的人生境界。白璧德认为世界应该是有秩序、有纪律、有规矩的，不能任凭个性张扬、自由膨胀。因此，白璧德在文学上倡导一种传统的、典雅的、保守的古典主义，白璧德自称其为人文主义。为了区别文艺复兴以后的人文主义，一般人把它称为新人文主义，这种新人文主义不仅是一种文学理论，同时也是一种人生哲学。白璧德的新人文主义在美国文学批评界引起了轩然大波。

白璧德教授学识渊博，讲课又善于旁征博引、举一反三。

幽默与爱情：林语堂与廖翠凤

一些带着挑战心态走进课堂的青年人常被他雄辩的逻辑力量慑服。他是当年哈佛大学里唯一能授予硕士生学位的文学教授。中国现代文坛上的留美派作家，不少人是白璧德的门内弟子，后来，有的人成了白璧德主义的信徒，另一些人却成了叛逆。前者有著名的学者梅光迪、吴宓和梁实秋，梅光迪和吴宓当年曾和林语堂坐在一条长凳子上聆听白教授的高见，而梁实秋从师白璧德时，林语堂则早已回国当教授了。林语堂以"吾爱吾师但更爱真理"为座右铭，以张扬个性为天职的他终于不肯接受新人文主义的观点，并自觉地站到了导师的对立面，为白教授的论敌斯平加恩（Spingarn）辩护。这位年轻的中国留学生在美国名教授面前所表现出来的独立思考精神，体现了这个"山地的孩子"无拘无束的一贯性格。当廖翠凤听说林语堂和白教授的争论，且为斯平加恩辩护时，非常担心，她皱起眉头对林语堂说："啊哟！小心点哟！"她不怕穷，但她担心他乱讲话，出乱子。

在白璧德与斯平加恩的争论中，林语堂以巨大的热情比较研究了双方的论点。10年后，林语堂在为自己辑译的《新的文评》一书作序时，曾详细地回顾了这次争论对他的审美观的影响。在哈佛大学，林语堂毫无顾忌地站到导师的论敌斯平加恩这一边。而斯平加恩极端推崇克罗齐，认为克罗齐的"艺术即表现即直觉"的美学理论，从10个方面革新了传统的文艺理论体系。而林语堂的收获是：发现自己与克罗齐的看法完全吻合，反对中国的文体观念和文章法规的林语堂，同样反对新人文主义的秩序、纪律和规矩。于是，他从斯平加恩、克罗齐那里找到了直觉随感式的艺术路向——随意写来，如行云流水，"行于不得不行，止于不得不止"。

林语堂不是故意给白璧德难堪，因为，在林语堂的整个学生生涯中，凡是他所读过的学校，都留下了向教师挑战的记录，这个独立不羁的"山地的孩子"，生平最讨厌听从别人的教导，他只愿意做自己想做的事，而不愿意按别人的意愿去行事。

哈佛大学对林语堂的吸引力，与其说是它那阵营坚强的教授群，还不如说是它那收藏丰富的图书馆。

林语堂夫妇住在波士顿赫山街51号，就在卫德诺图书馆后面。房东太太告诉林语堂，卫德诺图书馆的藏书如果排列起来有几英里长。图书馆成了林语堂夫妇的乐园，除了上课时间外，他们都泡在图书馆了。因为穷，连买两张足球赛票也舍不得。别人在看戏看球赛，他们就从图书馆里借书带回家来，用书本娱乐自己。林太乙在《林语堂传》中写道："家里到处都是书。他把《牛津袖珍字典》念了再念，有时翠凤跟他讲话他都没听见。他一开口讲话，就是讲书里的内容和他的思想、理论，她也听不懂。有时他在书里看到什么，会感动得流下眼泪。有时看到什么有趣的，会哈哈大笑。讲给她听，她用心听，却听不出有什么好笑，但也陪着笑。"

对于林语堂来说，卫德诺图书馆就是哈佛，而哈佛也就是卫德诺图书馆。在图书馆里任意选择自己爱读的书，从中汲取

幽默与爱情：林语堂与廖翠凤

知识，林语堂认为这是最佳的学习方法。

第一学年结束时，林语堂以各科都是 A 的成绩通过了哈佛的考试。系主任看了看林语堂在圣约翰大学的成绩单，觉得让这样的优等生关在哈佛的课堂里听课，等于浪费时间，于是破例准许林语堂不必再上课即可获得硕士学位，但是要他去德国的耶拿修一门莎士比亚戏剧，这可是林语堂不肯听契特雷治教授的莎士比亚课所得到的"报应"。

系主任的特许并没有使林语堂高兴几天。因为，一件意外的事情完全搅乱了林语堂夫妇的兴致。一天，清华学校留美学生监督施秉元在没有说明任何理由的情况下突然取消林语堂每月 40 美元的奖学金。消息传来，简直是晴天霹雳。林语堂原想去责问，瞻前顾后，终于作罢。因为，清华学校远在万里之外，天高皇帝远，在美国的事情，还不是监督说了算。而监督施秉元原是清华的校医，靠了自己是驻美大使施肇基的侄子这一人事关系才弄到这项许多人觊觎的美差。直到不久后，施秉元上吊自杀了才算真相大白：原来施秉元在做股票投机生意，用克扣留学生奖学金的钱做资本，结果投机失败，送掉了性命。

取消奖学金等于断绝了林语堂的经济来源。即使系主任不建议他去耶拿，林语堂在美国也待不下去了。因为，祸不单行，就在取消奖学金之前，廖翠凤两次住院开刀，早已花完了那 1000 银元的陪嫁。廖女士得的是盲肠炎，早在横渡太平洋时，廖女士便发病了，那时是慢性的，不急于马上开刀，但是痛苦不堪。廖女士天天在船舱里忍受着病痛的折磨，林语堂在一旁爱莫能助。而同船的清华留学生们却以为这对新婚夫妇如胶似漆，白天还要躲在船舱里说悄悄话。他们一度曾考虑在夏威夷上岸治疗，可是后来病痛逐渐减轻，他们决定冒险继续前进。到美国六个月后，病又犯了。这回可是急性的了，来势凶猛，不得不开刀切除阑尾。林语堂夫妇都知道这是小手术，一开始并不把它当回事。廖女士进了手术间，林语堂则安心地学习英文文法，谁知用了整整三个小时，手术才告一段落，林语堂觉得有点儿不对劲，因为手术时间太长了。果然，此后不久，廖女士的伤口感染，不得不第二次开刀，交纳了手术和住院的费用后，林语堂口袋里只剩下13块钱，首先要解决吃饭问题，他赶紧去买了一大罐老人牌麦片，就靠这罐麦片，林语堂撑过了一个星期——以后，林语堂的肠胃对麦片产生了逆反心理，永远也不想吃它。

廖女士急忙给她哥哥打电报，请汇款1000美元。一周后，收到汇款，林语堂才摆脱了天天吃麦片、顿顿吃麦片的苦海。第二次手术后，廖女士在医院里住了很久，直到1920年2月份才出院。出院那天，满街是雪，林语堂设法借了一辆雪橇亲自把妻子接回住所，夫妇俩高高兴兴地庆祝了一番。

那时，留美学生的《中国学生月刊》举办有奖征文比赛，头奖25元，林语堂应征投稿，每投必中，连续三次获得头奖，他觉得有点儿不好意思，就不再投稿了。

奖学金取消后，经济上的危机迫使林语堂离开美国到法国

幽默与爱情：林语堂与廖翠凤

东部的乐魁索去半工半读。那里的一个由美国主办的"中国劳工青年会"接受了林语堂的求职申请，并愿意为林语堂夫妇支付从美国到法国的旅费，困境中的林语堂为得到这个好差事而欣喜若狂。1920年，林语堂夫妇动身来到乐魁索的"中国劳工青年会"。

这个机构主要是为在法国的中国劳工服务的。因为，第一次世界大战后期，中国加入了以英、法、美为首的协约国，作为参战国，中国派遣10万名劳工到欧洲战场，任务是运送并埋葬死尸。第一次世界大战结束后，法国男性劳动力奇缺，许多劳工仍在欧洲逗留。

林语堂为中国劳工编写识字课本。夫妇俩住在青年会外面的一栋房子里。睡床非常之高，床垫子又非常之厚，这是林语堂在中国和美国都未经历过的，住得倒很舒服，唯一的缺点是住房里没有厕所，上厕所要跑到后花园之外，十分不方便。

他们打算在青年会工作一段时间，积蓄一点儿钱，然后再到德国去完成学业。可是，林语堂既不会法文，也不会德文。所以，他一边工作，一边刻苦自修德文。林语堂是研究语言学的，学习外文有窍门，所以，很快就入门了，居然能自己动笔给耶拿大学写德文信，申请入学。在林语堂学德文的时候，廖女士跟一位法国太太学法文，两位女士成了好朋友，学习之余，一起上街，是一对购物伙伴。在法国太太的参谋下，廖女士买了一件浅褐色的大衣，自己相当满意，她还穿着这件法国大衣和林语堂在乐魁索城合影留念。

第三章
出国留学　同甘共苦

第一次世界大战中，欧洲各国人员伤亡惨重，法国是主要交战国，所以在战后，青年男子更是奇货可居。不少"中国劳工青年会"里的中国男人与法国姑娘结了良缘。而林语堂在乐魁索时却关心着另外一件私事：咸丰十年（1860），太平军路过漳州时，林语堂祖父被征为民夫，跟太平军走了，后来，始终音信杳然。不知从哪儿传来的消息，说祖父可能漂泊到了法国，所以，林语堂在乐魁索时，抱着一线希望，查阅了华人劳工的大量资料，想从中发现关于祖父的线索，但这种异想天开的念头，当然是不会如愿以偿的。

旅法期间，林语堂一边积蓄学费，一边自修德语，生活十分紧张，竟连著名的世界大都会巴黎都无暇去参观，只好在火车的车窗口，贪婪地捕捉着著名的巴黎铁塔、卢浮宫、爱丽舍宫等名胜古迹。但林语堂与廖翠凤却到过凡尔登，德法两国军队曾在这里进行过殊死的血战，在那被炮火所犁过的土地上，战争曾吞噬了几十万生命。林语堂见到那里没有一棵树，没有一幢房屋，遍地布满了弹壳和刺刀……

廖翠凤在那昔日的战场上走来走去，林语堂以为她在寻找什么战争纪念品哩，一问才知道，她想在遗留的军需品中找双旧靴给林语堂穿——生活逼得这位钱庄老板的女儿已不羞于在外国拾破烂儿了。为了生活，在国外，她不得不经常变卖出嫁时母亲给她的首饰。但由于洋人不识玉器等中国首饰的价值，卖不出好价钱，廖女士心疼得很。

林语堂的入学申请被耶拿大学批准后，林语堂夫妇从乐魁

幽默与爱情：林语堂与廖翠凤

索来到德国东部的耶拿。耶拿是德国大诗人歌德的故乡，一座美丽的大学城。耶拿和海德堡一样，是个颇有古风遗俗的小城：大学生是俱乐部的主角，他们和自己的女房东一起去郊游，有时他们还用古老的决斗方式来解决争端或保持荣誉，好斗者的皮肤上伤痕累累，而伤痕愈多愈能得到同龄人的羡慕和尊敬。

自由自在的德国大学生生活，正是林语堂理想中的生活，他从中享受到了无穷的趣味。他和妻子手拉着手去听课，又手拉着手一同去郊游。什么时候把功课准备好，就随时主动请求考试，不存在上课、点名、请假、缺课等束缚。他们刻苦读书，完全是出自对知识的渴望和追求。他们去参观歌德的故居，歌德探索知识的巨大热情使林语堂深受感动，歌德的《少年维特的烦恼》和《诗与真理》，都是林语堂所喜爱的作品。但在德国文豪中，最使林语堂钦佩的却是海涅，海涅的著作使林语堂入了迷。

与哈佛所呈现的美国新大陆的特色相比，古色古香的耶拿则典型地呈现了欧洲旧大陆的五光十色，这里有旧式的古城堡，狭窄的街道，那古老的民情民俗使林语堂尤其迷恋。林语堂喜欢这旧大陆的丰富多彩，不像在美国，无论在纽约还是旧金山，举目所见是千篇一律的冷饮柜台，是同样的牙刷、同样的邮局、同样的水泥街道。

就读于耶拿大学期间，林语堂夫妇住在公寓里，生着壁炉，但没有冷热水管子，只好用水壶和盆打水洗澡，生活设施方面是无法与美国的现代化住宅相比的。可是，林语堂首先想到的不是生活设施的优劣，而是伟大的歌德和席勒也是用同样的水壶和盆洗澡，却写出那么好的诗，于是林语堂就对耶拿的水壶和盆产生了一种特殊的好感。能在这样的盆里洗澡，而且每天可以享受愉快的散步，林语堂觉得这真是人间天堂的生活。

在耶拿大学读了一个学期，林语堂又转到以印欧比较语法学驰名的莱比锡大学，攻读语言学。

莱比锡大学的中国研究室的中文书籍非常丰富，林语堂为一个外国大学能有如此汗牛充栋的中文藏书而惊讶不已。同时，他还能从柏林大学借到所需要的中文书。林语堂充分利用了这些外国大学的中文藏书，继续他的文化"补课"：认真地研究中国的音韵学，不久他便钻进了《汉学师承记》《皇清经解》《皇清经解续编》等古籍中。

也许，这正是林语堂文化经历的奇特之处：他不是在中国的文化古都北京，而是在异邦莱比锡的学府里熟悉了中国的训诂名家王念孙父子、段玉裁和顾炎武等人的考据成就。

想不到一个中国人竟在外国大学的中文研究室为自己进行中国文化的"补课"，这实在是耐人寻味的逸事。然而，这是无可否认的事实：在莱比锡大学的那段经历是林语堂穿越文化"断层"的艰苦历程中的十分重要的一步——圣约翰"系"的"铃"，被莱比锡"解"掉了。

也是林语堂的幸运，莱比锡大学有一位造诣极高的汉学

幽默与爱情：林语堂与廖翠凤

家，叫康拉迪。康拉迪教授精通中国的古文，读白话文反倒有困难。他具有德国学者彻底认真的学风，不仅研究中文，还涉猎其他东方语言，他开了一门泰国文法课，有四五位学生跟他精研泰文文法。康拉迪知道林语堂曾在清华学校任教后，就对他倍加器重，他热诚地欢迎林语堂，为林语堂选择莱比锡大学而引以为荣，并积极地为这位中国博士生提供了许多方便。

初到莱比锡，举目无亲的林语堂每逢休息的日子就和妻子去郊游。每星期到火车站附近的浴池里痛痛快快地洗个澡，买些爱吃的点心，夫妇俩回家打牙祭。日子一长，林语堂也在莱比锡交上了新朋友：一是辛德勒（Schindler）博士夫妇，这位博士后来成了《亚洲学刊》的出版人；另一位是犹太妇人，她一度是林语堂的房东，有一个英俊的儿子。这位犹太妇人与廖女士很合得来，她俩常常在一起吃鲥鱼。

在莱比锡，林语堂曾出乎意外地受到过"性骚扰"。那是在莱比锡博览会期间，林语堂住在郊外，女房东是一个耐不住孤独寂寞的寡妇，近乎色情狂，博览会期间经常和一个男人同居，她向林语堂夸耀那男人有歌德的风度，还主动把自己和那男人寻欢作乐的细节宣扬出来。她那已成年懂事的女儿，对母亲的荒唐行为十分厌恶。这个寡妇平时以酒浇愁，喝啤酒，吃咸肉，不停地抽烟，还把自己写的情诗给林语堂看，存心勾引他。林语堂对女房东的引诱置之不理。一天，女房东把挑逗升级了，见林语堂经过房门口，她突然假装昏倒，要林语堂过去扶她起来。林语堂灵机一动，急忙把廖女士叫来，请廖女士去照顾女房东……总算摆脱了骚扰。

游学之年,是林语堂思维高度发展、学术突飞猛进的时期。在攀登知识高峰的征途中,林语堂是一个成功的登山运动员,但在社交生活中,他却是一个幼稚的学步者。幸亏他娶了个能干的贤内助,两人相亲相爱、相互依赖,才熬过了四年的留学生活。

廖女士是一位称职的管家,不仅能实事求是地制订出保持收支平衡的经济计划,而且精打细算地安排着每一枚银元的用途,入不敷出时,她就变卖自己的首饰。去德国和法国之前,她已经精明地计算到德国马克大贬值可能给他们带来的经济好处。当然,也有失误的地方,比如过早地卖掉美元,以致吃了亏。对外国生活习惯与社交礼仪的适应能力,林语堂远不如妻子。还在横渡太平洋的海轮上时,廖女士对西餐桌上的礼貌规矩已经完全精通,而林语堂却总是弄不清该用哪个勺儿喝汤,用哪个叉子吃鱼,并且一直记不得擦黄油的小刀是不可以放在桌布之上而只可搁在放面包的小碟上的。在喝酒或饮茶时,林语堂常把自己的杯子和邻座的弄乱,因此错拿别人的酒杯或茶杯,这在林语堂是司空见惯的。

由于廖女士的随时指点和及时纠正,林语堂出洋相的次数大为减少,但要杜绝,几乎是不可能的。因为林语堂从不把此类生活细节当成一回事,出了差错照样心安理得。有时,所谓"洋相"是他俩共同的作品。最滑稽的事,发生在哈佛大学绥尔教授家里。有一天傍晚,林语堂夫妇应邀去绥尔教授家赴

幽默与爱情：林语堂与廖翠凤

宴，响过门铃女仆出来开门，问这两位中国留学生有何贵干，林语堂夫妇手拿请帖，神气地回答：应邀赴宴。女仆不仅没有表示热情欢迎，反而一脸惊讶地说，绥尔教授今天没有邀请任何客人。这回轮到林语堂夫妇惊讶了，明明发了请帖，怎么不请客。于是，女仆和林语堂夫妇共同来验证这张请帖。这一回可是大家都惊讶啦！原来是林语堂夫妇弄错了日期，提前了一个星期赴宴！既来之，则安之，林语堂并不急于回去，绥尔教授只好出来欢迎；绥尔太太赶紧准备夜饭，而林语堂夫妇也不客气地硬赖着吃了一顿饭。

绥尔教授家的客厅里摆着一副巨大的北极熊的牙齿，墙上挂着美国总统威尔逊的珍贵画像，画上威尔逊总统和他的三个女儿围桌而坐，其中一个女儿就是这间客厅的女主人绥尔夫人。教授夫人名叫翟茜·威尔逊，是被学校指定来照顾林语堂夫妇的社交生活的——由教授夫妇来指导外国留学生的社交礼仪，这是哈佛的惯例。所以，说到底，林语堂夫妇弄错赴宴的时间，绥尔夫人也有某种间接的责任。因此，提前一个星期来的客人，仍旧是受欢迎的客人。是师生又是宾主，绥尔夫妇和林语堂夫妇，大家谈笑如故，欢欢喜喜地共进了一顿临时赶出来的晚餐。

平时，廖女士洗衣服、做饭，林语堂躬任洗涤碗碟的工作。廖女士对丈夫要求严格，督促林语堂注意衣着的整洁，饮食方面，竭力保证林语堂的营养，对自己则绝不讲究。两人相敬如宾，许多外国人还以为他们是一对兄妹，直到廖翠凤身怀六甲，大家才晓得他俩原来是夫妇。在外国，穷人最怕进医院，鉴于前两次廖女士住院开刀的经验，林语堂夫妇不敢再在外国生孩子了，于是不得不决定回国分娩。为了在回国前拿到博士学位，林语堂在酷暑中日夜奋战。虽然忙得汗流浃背，但是，在一向不怕考试的心理惯性的驱动下，林语堂丝毫不感到恐慌。

林语堂胸有成竹地预测自己一定能顺利地获得博士学位，所以竟早早预订了回国的船票。林语堂通过博士学位论文答辩走出考场时，已经正午 12 点了。廖女士正怀着忐忑不安的心情倚闾而望。

"怎么样啊？"廖女士担心地问道。

"合格了！"林语堂兴高采烈地回答。其实，答案早就写在林语堂那张欢畅的脸上了。

一个响亮的吻！廖女士顾不得自己是在大街上，就急忙用这种外国习俗来向凯旋的丈夫表示热烈的祝贺！

接着，林语堂博士夫妇并肩到餐室午餐。当晚，他们按预定的计划离开莱比锡，到威尼士、罗马、拿波利斯等地游览两周，然后回到久别的故国。

第四章 重返故国　风雨同舟

幽默与爱情：林语堂与廖翠凤

1923年夏，林语堂夫妇结束了四年的留学生活，回到了日夜思念的祖国。

林语堂博士带着即将分娩的妻子衣锦回乡。先在坂仔小住，流连忘返在家乡的青山绿水之间，天真烂漫的童年生活又重现于记忆的银幕。

父亲的梦想已经变成现实，可是植树人却无法观赏这挂满枝头的累累硕果了。因为，当林语堂还在莱比锡大学攻读博士学位的时候，父亲就已经去世。在父亲的墓地上，林语堂遥望远处的青山——雄伟陡峻的山岭上飘浮着幻变无穷的云彩，这是群山为自己所编织的梦，巍巍的高山把云彩送往天涯海角，而自己却永远根植于脚下古老的土地——山就是父亲，父亲就是山，无私的父亲啊！

一股激情在林语堂胸中涌动，啊！世上的一切有什么能比故乡的山陵更亲切、更伟大！他把对父亲的怀念，对所有亲人的怀念，全部移情于对家乡山水的眷恋之中。

他有意识地让自己的记忆反复摄取那青山的轮廓和线条，让它永存于大脑的信息库里。让山影深深地烙入他的心坎，融入他的血液，成为一种永恒的"内驱力"，引导着他的精神世界，使他的生命永远散发出青山的气息。

大女儿林如斯是在厦门降生的，因为难产，母女俩差一点儿送了命。

1923年9月，林语堂手里抱着爱的结晶，心里盛装着故乡的祝福，告别了坂仔，踏上了北上的路。

1923年，北京和整个中国北方一样，都是北洋军阀的天下。自从1922年第一次直奉战争以后，奉系军阀退到山海关外，直系的军阀和官僚掌握了北京的政权。1923年6月，曹锟赶走了黎元洪总统。10月，曹锟用现金支票收买"猪仔议员"，演出了贿选总统的政治闹剧，把北京搞得乌烟瘴气。

同年，1月26日，在上海，孙中山与苏联代表联合发表《孙文越飞宣言》，从此，民国的缔造者孙中山走上了新的道路。2月，刚登上政治舞台不久的中国共产党领导了京汉铁路工人大罢工。罢工遭到镇压，40余人被杀害，数百人受伤，这便是历史上著名的"二七惨案"。

林语堂就是在这样的背景下重返北京的。古都对他并不陌生，那里有熟悉的大学文化区，有他所敬重的新文学运动的领袖们，还有那给予过他无穷乐趣的琉璃厂。

四年前，离开北京时，林语堂只是清华学校的一个不起眼的英文教员。四年过去了，今非昔比，现在的他在人们眼里是镀过金的洋博士。北京大学敞开了自己的大门，热情地接纳了学成归来的林语堂。

林语堂到北京大学任职，是胡适引荐的结果。

幽默与爱情：林语堂与廖翠凤

胡适于1917年8月到北京大学任教后，为北大引进过不少有用之才。旁的不说，单就举荐林语堂这件事，便可以看出胡适独具"伯乐"的慧眼，看准了"千里马"就敢花本钱。前面说的那项"君子协定"，便是"伯乐"胆识的证明。

根据这项口头协议，作为林语堂学成回国后来北大的条件，北大每月应资助林语堂40美元。四年近2000美元，这笔钱曾两次解救了林语堂的燃眉之急。如果没有这2000美元，林语堂是不可能苦撑四年的。

林语堂知恩而感，1923年9月，一到北大，就去向校长蒋梦麟道谢，衷心感谢北大对他的雪中送炭。那时，胡适正在南方养病，蒋梦麟对林语堂郑重其事的道谢感到莫名其妙，直到林语堂说明了来龙去脉，蒋梦麟才明白了事情的原委，忍不住哈哈大笑起来。蒋梦麟这一笑，也同样使林语堂莫名其妙。于是蒋梦麟把事情点穿，才真相大白。原来，北大校方并没有授权胡适去资助林语堂的生活费，而求贤心切的胡适，为了抓住林语堂这个人才，竟然私下和林语堂订了个"君子协定"。也许，订约的时候胡适没有考虑到自己所应承担的义务，想不到，林语堂因为妻子的两次手术，昂贵的医疗费迫使弹尽粮绝的他两次打电报向胡适求援。接到十万火急的电报，胡适义无反顾地遵守君子协定的诺言，不求助于北大校方，而自己私人掏腰包，两次寄钱给林语堂。

想不到这2000美元竟是胡适私人的钱！林语堂为胡适的友情所感动，并赶快在1923年年底把这笔钱全部归还胡适。

奇怪的是，林语堂和胡适竟长期严守这个秘密，缄口不提。直到胡适逝世后，林语堂才透露了这段半个世纪来鲜为人知的文坛佳话，作为对胡适的真挚的怀念。

林语堂到北京大学后，被聘为英文系语言学教授，主要讲授"文学批评"和"语言学"。妻子廖翠凤则在预科教英文。

1925年，围绕着女师大事件，在《语丝》《京报》《莽原》《晨报》《现代评论》等报刊上，语丝派和现代评论派展开了激烈的论战，林语堂从一开始就是站在女师大学生这一边的。10年后，他在回忆往事时说："当我在北平时，身为大学教授，对于时事政治，常常信口批评，因此我被人视为那'异端之家'（北大）一个激烈分子。"在《语丝》和《现代评论》"这两个周刊关于教育部与女子师范大学问题而发生论战时，真是令人惊心动魄。那里真是一个知识界发表意见的中心，是知识界活动的园地，那一场大战令我十分欢欣"。

作为语丝派的一员，林语堂博士虽然才智出众，但是因为《语丝》诸子都是出类拔萃的，所以，在这精英荟萃之地，20世纪20年代中期的林语堂，总是要排到周氏兄弟、刘半农、钱玄同等《新青年》老将之后。因此，在论战中，不可能由他挑大梁，但他却可以算得上是主帅麾下最得力的大将。当年有人称他为"急先锋"，并不是过誉之词。他对主帅的战略意图早已心领神会，所以，他的每一个战术动作几乎都与周氏兄弟配合默契。

1925年这一年，林语堂的生活史上的确留下过不少"惊

幽默与爱情：林语堂与廖翠凤

心动魄"的记录。

他不仅用笔，而且用竹竿和石块等武器直接参加了1925年11月28日—29日的"首都革命"。

1925年冬，在南方革命形势的推动下，北京的群众运动汹涌澎湃，气势磅礴，女师大学潮实际上就是当时革命运动的一个组成部分。所以，9月间，在北京学界沪案后援会等团体发起的示威游行中，提出恢复女师大、罢免章士钊等多项要求，绝不是偶然的。

1925年11月28日—29日，北京人民举行了大规模的示威游行，群众高呼：

打倒卖国段政府！
驱逐段祺瑞！
打死朱深、章士钊！

潮水般的示威队伍冲破军警们戒备森严的防线，奋起摘掉"京师警察厅"的牌子，捣毁了章士钊、刘百昭的住宅，又蜂拥至宣武门大街，火烧研究系政客的喉舌——晨报馆。

在这次轰轰烈烈的"首都革命"中，惯于用笔战斗的林语堂，拿起竹竿、石块，与学生一起走上街头，直接和军警肉搏，做出了其他《语丝》成员从未采取过的激烈行动，成为街头暴力的反抗者之一。

文人敢于与警察搏斗，这首先要归功于圣约翰大学的体育

第四章
重返故国 风雨同舟

锻炼,这种锻炼造就了林语堂强健的体格。在北京大学的示威队伍里,这位30来岁的青年教授的出色投掷技术博得了示威者的热烈喝彩。他捡起石块勇敢地回击军警和流氓们的进攻。从他手里扔出去的石块命中率极高,常常把武装军警打得头破血流。当年,在圣约翰大学,他曾苦练过投垒球的技巧,是一名优秀的垒球投掷手。林语堂自己也想不到这投垒球的技巧竟会在此时此刻此情此景中大显身手。

1926年4月,段祺瑞执政府被国民军驱逐倒台,段祺瑞、章士钊等都逃往天津租界。但是,接着在帝国主义支持下的直奉联军进入北京,控制了北京政权,国民军退出北京。这时,京师西郊人民因不胜奉军奸淫抢劫之苦而迁入城中的难民达数万人,因无屋住,尽皆露宿。直系和奉系军阀,双方因分配权力、地盘的争斗愈演愈烈,此委一警备司令,彼也委一警备司令;此委一局长,彼亦委一局长,把北京搞得乌烟瘴气。

但在镇压群众运动方面,军阀们的利害是一致的。4月24日,直、奉军阀以"宣传赤化"的罪名,封闭京报馆,逮捕总编辑邵飘萍。26日,邵飘萍被奉军杀害。不久,北京卫戍司令颁布了所谓"维持市面"的条例,声称:"宣传赤化主张共产者,不分首从一律处死刑。"北京人民失去了言论行动的自由,失去了人权的保障。

在残暴的军事专制统治下,北京成了一个恐怖和混乱的世界,社会上传说被列入通缉名单的人都要遭到捕杀。所以,那些被通缉者纷纷离家避难。在北京的外国医院成了这些人的临时"避难所"。

林语堂先到东交民巷西口的法国医院,但见医院里已挤满了避难者,并不安全,于是就在林可胜大夫家里藏了三个星期。那时,他的大女儿林如斯只有三岁,而二女儿林无双(林太乙)则刚刚出世三个月。妻女们的安危,使林语堂牵肠挂肚。

残杀和迫害的消息接踵而至:邵飘萍被杀,《京报》被封;《大陆晚报》记者张鹏被监视;《中美晚报》宋发祥、《世界晚报》成舍我,均被迫逃走。反抗军阀的舆论窗口被封闭了,只有巴儿狗可以任意狂吠。林语堂的"打狗"文章则难以发刊了。

杀一儆百,这是屠夫们惯用的手段。邵飘萍被害事件无疑是对文人们的警告。"五四"以来,一向以民主、自由风气见长的北京舆论界突然陷入漆黑的深林之中。自从冯玉祥的国民军4月份退出北京以来,直奉军阀撕下了最后的一点伪装,公开的、赤裸裸的迫害、枪杀事件层出不穷,文化精英们先是避难于外国医院,但邵飘萍遇害的事件表明,躲入外国医院只是暂时的应急措施,绝非长远之计,永久的办法是离开这个黑暗的王国。

于是,一场自北向南的"大迁徙"和"大逃亡"开始了。胡适、孙伏园、沈从文、许寿裳、沈兼士、顾颉刚、徐志摩、丁西林、叶公超、闻一多、饶子离等人,都是在"三一八"之后,1926—1927年离开北京的。

军阀的残暴迫害,使文人们的人身安全得不到保障,这是"大逃亡"的直接原因。但除了政治原因之外,经济原因也是

第四章
重返故国　风雨同舟

使北京文人大批南下的一个重要因素。

这些文人大都是教授,主要经济来源是薪金。可是,由于北洋军阀政府的极端腐败,再加上内战的军费开支非常庞大,政府早就靠借外债度日。自1917年之后,南北对峙,北京政府失去了富庶的西南五省,税收日蹙。1926年前后,长江以南各省都处于相对独立的状态,北京的军阀政府政令不出直、鲁、豫三省,而这三省又由于连年的战乱,残破不堪。到1926年前后,强弩之末的北洋军阀,财政状况处于崩溃边缘,政府公职人员(包括北京八所国立大学的教职员)的工资经常停、欠,所以当时北京国立八校的教职员闹索薪的风潮连绵不断。语丝派和现代评论派的主要骨干,在索薪风潮里常常是本校的索薪代表——在这一点上,也只有在这一点上,两派的目标是一致的——教员的薪俸积欠经年,经过请愿、坐索、呼吁,每个月也只能拿到正常薪金的20%~30%,教授们经济拮据,非常狼狈,情势逼得名人、学者、教授纷纷南下。所以,这次"大迁徙",既是政治上的"逃亡",也是经济上的"逃荒"。

"逃荒"也好,"逃亡"也罢,首先要考虑往哪儿"逃"。胡适、徐志摩、梁实秋、余上沅、刘英士、丁西林、叶公超、闻一多、章衣萍、饶子离,甚至连陈源,都先后于1926年下半年到1927年上半年到了上海、南京,而林语堂、鲁迅、沈兼士、孙伏园、顾颉刚等则到了厦门。

在"大迁徙"的浪潮里,会有一批文人分流到厦门,完全是由于林语堂的关系。

幽默与爱情：林语堂与廖翠凤

林语堂在林可胜大夫家里避难时，从福建同乡那里了解到厦门大学在陈嘉庚的支持下，实力雄厚，很有发展前途。这一信息，给避难中的林语堂带来了又一个彩色的梦。林语堂本着为乡梓服务的热诚，与厦大签订了聘约，接受了文科主任的职务。他抱着振兴厦大的希望，还推荐和聘请了鲁迅、沈兼士、孙伏园、陈万生、顾颉刚、张星烺、潘家洵、章川岛等人。一时间，教授、专家联袂而至，名人学者云集鹭江。

林语堂是这支南下大军的牵线人。所以，他自然是第一个离开北京的。

离开这险恶的环境，何尝不是一件好事。但是，并肩战斗的《语丝》同人，北大、清华的校园和图书馆，琉璃厂的书肆……使他无限留恋；曾经飘扬着示威者的五光十色旗帜的天安门，曾经揭竿抛瓦地巷战过的西长安街，曾经赤足冒雨游行过的哈德门大街，曾经血迹斑斑的东四牌楼，曾经尸身枕藉的铁狮子胡同，曾经倒下过刘和珍、杨德群的"死地"……都是林语堂永远也抹不掉的记忆。他在那里，留下了自己的激昂、悲痛和愤懑。

林语堂惜别北京，北京也同样在向林语堂惜别，特别是那些曾经与林语堂并肩战斗过的战友，更是依依不舍。朋友们以对他的一次又一次的欢送、宴别来传达自己的心意。

5月10日晚，林语堂在北京大陆春饭店设宴向鲁迅、马幼渔、许寿裳等朋友告别。

5月13日晚，鲁迅、马幼渔、许寿裳等在宣南春为林语堂举行饯行酒宴。

5月19日，女师大开茶话会，欢送林语堂。

5月24日，林语堂向鲁迅辞行，并摄影留念。

……

1926年5月下旬，林语堂携带妻子和两个幼女，满载了朋友们的深情厚谊，离开了恐怖的北京。而在那次巷战中，被军警的石块砸伤后所留下的那个伤疤，却成了北京所给予林语堂的一个抹不掉的纪念，永远留在他的脸上了。

在厦门大学待了15个月后，林语堂又应武汉国民政府外交部长陈友仁的再三邀请，在武汉国民政府中担任了6个月的外交部秘书。国共分裂后的腥风血雨，"轰毁"了林语堂的思路。1927年9月，惊魂甫定的林语堂，带着一颗到"异地探险"的童心，来到了上海。在对事业的追求上，他永远是一个童心不灭的探索者。但他并没有腰缠万贯的本钱，可以到上海来当寓公。这个对世界充满好奇心的精神探险者的全部家当，就是他手中的那一支笔。当过教授、学者、文科主任、英文副刊编辑，又做过政府高官的林语堂，这一次竟在三百六十行中选择了最自由的一个行业——自由职业者——他准备当专业作家，以写作为生。

1927年10月3日晚上，仪容端正、头发整齐的林语堂，戴着一副金丝边眼镜，西装革履，兴冲冲地来到爱多亚路长耕里（今延安东路158弄）的共和旅馆里。问过茶房，林语堂就被引到二楼的一间20平方米左右的木结构房间里，林语堂一

| 幽默与爱情：林语堂与廖翠凤

进门，鲁迅就赶紧站起来迎接……

原来，鲁迅和许广平也到上海来了。他们是9月27日由广州鸿安旅店出发，登上太古轮船公司的"山东号"，经过香港、汕头，在海上航行了5天，10月3日午后，在上海太古码头下船后，就近住在这家设备较好的旅馆里。鲁迅不愿惊动别人，除三弟周建人之外，就只通知了林语堂和孙伏园兄弟等最亲近的朋友。林语堂闻讯后立即前去拜访，成为鲁迅到上海后所接待的第一批朋友。

这两位《语丝》战友，自从厦门一别，已经有9个月没有见面了。当晚，二人畅谈到深夜。第二天上午，林语堂又来拜访；中午，由孙伏园兄弟做东，请大家到"言茂源"吃午饭。饭后，鲁迅、许广平和林语堂等人又一起去合影留念，这是鲁迅到上海后的第一张照片。

前排左起：周建人、许广平、鲁　迅
后排左起：孙福熙、林语堂、孙伏园

第四章
重返故国　风雨同舟

　　这张六人合影,就是社会上盛传的鲁、许的"结婚照",参加者都是鲁迅最亲近的人,除许广平外,周建人是亲兄弟,孙伏园是鲁迅任山会初级师范学堂监督时的学生,孙福熙是孙伏园的弟弟,任上海北新书局编辑,为鲁迅设计过《野草》和《小约翰》的封面。而林语堂作为合影者之一,足以表明林语堂和鲁迅非同寻常的关系。照片上前排自右至左,坐着鲁迅、许广平、周建人;后排站着孙伏园、林语堂、孙福熙。但是,在 1977 年 3 月出版的《鲁迅》画册中,把站在许广平身后的林语堂和孙福熙二人涂去了。

　　林语堂和鲁迅,都是在思路被"轰毁"的情况下来到上海的,而且都决定以写作为生,做自由职业者。这一选择,曲折地反映了相似的遭遇为他们造就了一种共同的心态。但在具体到写什么和怎么写的选择上,林语堂与鲁迅既有相同的一面,也有相悖的一面。相同的是,"语丝"精神仍在他们的艺术血液里流动着;不同的是,林语堂把《语丝》提倡的"自由思想,独立判断"强化为在政治上不左不右的中间路线。到了上海以后的林语堂已不再像"语丝"时代那样"无所顾忌"地反抗"一切专断与卑劣"了,而是强调借助"幽默"的外壳来曲折地表现自己的不满和反抗;而鲁迅到上海后,则把"语丝"时期一般性地"对于一切专断与卑劣之反抗",提高到阶级斗争和政治斗争的高度,在马克思主义世界观的指导下,把自己的笔作为革命斗争中的"匕首"和"投枪"。因此,文学对于鲁迅来说,这时已经变成阶级的"齿轮"和"螺丝钉",而对

幽默与爱情：林语堂与廖翠凤

林语堂来说，文学只能是个人的事业，这一深刻的分歧，注定了他们的友谊——不管曾是多么亲密无间——必定难以善始善终。

宁汉合流以后，国民党在南京建立了中央政府。南京政府效仿当时法国的教育制度，成立大学院代替教育部的部分职能。1927年11月，蔡元培被任命为大学院第一任院长，同时成立中央研究院，亦由蔡元培兼任院长。

林语堂深受蔡元培的器重，被聘为研究院的英文编辑，兼任该院的国际出版品交换处处长，实际上是蔡元培的英文秘书，月俸300元，相当于一个有名望的大学教授的工资。这是一份十分清闲的工作。

蔡元培提供给林语堂的这份差事使林语堂的生活有了保障。但他也并不是唯一的受惠者，因为蔡元培同时还聘请鲁迅、江绍原等为大学院的特约撰述员，月俸也是300元。林语堂非常佩服蔡元培，前清进士出身的蔡元培，当过翰林院的翰林，与孙中山先生关系密切。蔡元培曾留学法国、德国，在国民党元老中是一个"西方通"。"五四"前夜，他担任北京大学校长，把北大变成了民主精神的摇篮，他言行一致地提倡学术自由。他还邀请新旧各派著名学者到北大任教；一方面为陈独秀、胡适、李大钊、鲁迅等《新青年》派敞开了大门，另一方面也聘用旧派名儒刘师培、黄侃等人，连始终留着辫子忠于清室的辜鸿铭也没有被拒之门外。蔡元培平易近人，说话总是声音柔和，待人谦和温恭，在林语堂眼里，他是一位温文尔雅的

第四章
重返故国　风雨同舟

长辈。他家在上海愚园路，离林语堂家很近，所以每天早晨两人同乘一辆小汽车上班。林语堂性格开朗，一路上总是谈笑风生，每逢林语堂侃侃而谈地发表自己的各种见解时，蔡元培都是很客气地说："是是，你的说法不错。"

中央研究院所属的国际出版品交换处在上海亚尔培路331号（现为陕西南路147号）办公。这是一幢坐北朝南砖木结构的二层花园洋房。楼前有草坪，四周有围墙。铁栏杆的大门上方是一个桥形的门框边，上面挂着"国立中央研究院"七个大字。实际上，这里只是中央研究院在上海的一个机构，但因为蔡元培的院长办公室设在这里，所以就堂而皇之地亮了中央研究院的牌子。大门的一边是汽车库，进入楼房，迎面便是一个小厅，东侧一大间是放有沙发、收音机的休息室，也是会议室。后来，中国民权保障同盟成立后，不少重要会议都在此举行。从楼梯上去，二楼东侧的一大间就是院长办公室，蔡元培、杨杏佛等都在这里办公。林语堂的办公室也在二楼，是一间极小的房间，里面放满了他收藏的元明善本书。

林语堂每天上午去亚尔培路331号办公，下午就闭门读书。林语堂的生活极有规律，他拘谨严肃，才气横溢，却又不是不拘形骸、随便放浪，更没有世纪末的颓废情调。人们读过他的闲适小品文后，往往有一种误解，认为他就是生活在小品文所描写的那种闲适的境界之中。比如，他宣传："点卯下班之余，饭后无聊之际，捭阖既毕，长夜漫漫，何以遣此。忽逢旧友不约而来，排闼而入，不衫不履，亦不捭阖，亦不寒

幽默与爱情：林语堂与廖翠凤

暄，由是饮茶叙旧，随兴所之，所谓或晤言一室之内，或因寄所托，放浪形骸之外，虽言无法度，谈无题目，所言必自己的话，所发必自己衷情。夜半各回家去，明晨齿颊犹香。"在上海时的林语堂是无缘享受如此闲情逸趣的。因为他平常不喜欢同朋友随便来往，也不欢迎不速之客去串门聊天。他把空余时间几乎全部花在阅读古今中外的各种著作上。他实践了"书山有路勤为径，学海无涯苦作舟"这句中国的格言。

1931年，林语堂代表中央研究院到瑞士出席国际联盟文化合作委员会的年会，顺便到英国住了几个月。

在林语堂离沪期间，上海发生"一·二八"事变，日军狂轰滥炸，整个上海在炮火下呻吟。在战乱中，廖翠凤一个人要照顾三个孩子，其中第三个女孩林相如是1930年才出生的婴孩。廖女士整天提心吊胆，晚上睡觉时，全家都不脱衣服，和衣睡在楼下，以便一有情况随时可以逃难。后来，幸亏有位亲戚帮她们母女四人买了船票，廖女士才带着孩子们回到了厦门鼓浪屿的娘家。

1932年，林语堂从英国归国时，先到厦门去接廖翠凤母女。孩子们听说父亲要回来了，都高兴得不得了，大女儿和二女儿都涂脂擦粉地打扮得漂漂亮亮，坐着小船跟随大人到停泊在海面的远航轮船上去接林语堂，因为她们将近一年没有见到爸爸了。

林语堂为孩子们带来了外国的礼物，一人一只瑞士表。廖女士原以为林语堂会买回大批洋货，谁知林语堂到厦门时，口

第四章
重返故国　风雨同舟

袋里只剩下三毛钱了，钱到哪里去了？

原来，林语堂带回了一件极贵重的东西——这东西并不对所有人都是"贵重"的———台中文打字机的不完整的模型。

林语堂自幼爱好机械发明，成年后的主要兴趣是研制中文打字机。当时，商务印书馆已推出根据《康熙字典》首部把字分类排行的中文打字机，机下装有2500个印刷铅字的字盘，打字时只须在盘中找所要打的字即可。此外，在另一字盘上，有3034个铅字，若要用这个盘上的字，必须用手拿起一个铅字，放在第一盘的空位上然后再打。林语堂认为商务印书馆的中文打字机太笨拙了，人成了打字机的"奴隶"，他计划发明一台类似英文打字机打法的中文打字机，而首要的工作是改良检字法。1924年，他发明了"汉字号码索引法"，主张首末笔留在字之外围，不可跟母笔顺序入于中部，"凡一字必有四个号码以定其字典上之位置"。他"分汉字笔画为十类，而以自一至十之号码名之，则凡一切之字无不有一定之数目"。同年，他又发明"国音新韵检字"，刊于图书馆协会专刊。这时，林语堂已担任了图书馆协会索引委员会会长。1925年，他又作《末笔检字法》，由商务印书馆刊印发行。到1931年，他对于汉字的首笔、末笔、新韵、号码四法皆已做详尽透彻的研究，并"实行将汉字重新排列，至是认为中文打字机的复杂问题已循序解决"。1931年，他在瑞士开完会后去了英国，到英国的主要目的是与英国工程师研究制造打字机的模型。他花费了所有的钱，用了几个月的时间，带回了这台不完整的打字机的模型。

　　林语堂对研制中文打字机的偏好癖嗜，真可以算得上是一个打字机"痴"了。正由于对打字机的癖嗜，使林语堂上了一个小用人的当。那是刚到上海的时候，林语堂一度住在善钟路（今常熟路）的公寓里，家里有个十六七岁的男佣，名叫阿芳，原在兑换铺当差，林语堂看他聪明，便把他请来了。他会修理电铃、接保险丝、悬挂镜框、修理抽水马桶机件等，心灵手巧，凡是机械方面的事情他都一学就会，甚至无师自通，最使林语堂佩服的是这个阿芳还会修理打字机。林语堂喜欢这个有"癖嗜"的人，认阿芳为知音，因此就一再纵容他。那时，林语堂常在家里摆弄打字机，研究它的构造原理，拆拆弄弄的不知买了多少台外文或中文的打字机，他深知打字机这玩意不好对付，但想不到，没有文化知识的阿芳居然在打字机上大显身手。

　　阿芳到林家不久，就对林语堂的那台英文打字机产生了兴趣，每天早晨，主人还在床上，阿芳便来打扫卧室了。而且，他在卧室里一待就是两个小时，大部分时间都在摆弄那台打字机，几乎着了迷，还经常背着主人摆弄打字机。终于有一天，打字机凭空坏了，林语堂自以为熟谙打字机的原理，便自己动手修理，白白浪费了两个小时，毫无效果。知道肯定是被阿芳弄坏的，所以就斥责了阿芳，但小男佣默不作声，既不辩解，也不认错。

　　那天下午，林语堂出去散步，当他回家时，阿芳平静地说:"先生,机器修理好了。"一试,果然修好了。惊讶之余,林语堂对这位小男佣就另眼看待了,不再把他当作一般用人使唤了。

林语堂十分欣赏阿芳在接电话时所表现的才能,他不仅能用英语、国语、上海话、安徽话接电话,还能用厦门话接电话。厦门话的难学是众所周知的,外省人除非有语言的天赋,否则对厦门话退避三舍,但阿芳不仅能用厦门话对话,还能用厦门土话骂人。阿芳那一口漂亮的英语,远胜大学生的洋泾浜英语,只消教他一次便能学会。林语堂觉得阿芳人才难得,想培养他,要为他出 2/3 的学费,劝他晚上去念英文夜校,但他讨厌学习,生性就恨学堂,不肯去。

在林语堂的"宠爱"下,这位会修打字机的阿芳开始无法无天了。凡是他所不感兴趣的事情,就马马虎虎,仓皇健忘,颠三倒四。他一个星期内打碎的碗、茶杯、酒杯是其他仆人一年中打碎的总和。叫他去买一盒火柴,他一去就是两个小时,回来带了一只新布鞋及一只送给小孩的蚱蜢,但是没有买火柴,他根本不懂得工作和游戏的分别。他一收拾卧室就是三个小时,其中至少有一个小时在喂笼里的小鸟,或者与女仆打诨说笑,或者把秽箕放在饭台上,扫帚留在衣柜中,而本人却到花园里替小孩捉蚱蜢……这些都是常事。然而,林语堂都容忍了。

后来,林家雇了一个洗衣的婢女。从此,厨房里又翻出了新花样。新来的洗衣仆 21 岁,女厨子 26 岁,而阿芳 18 岁,厨房重地成了他们嬉笑戏谑的舞台，调笑声日益增高，工作实绩却越来越糟。阿芳更加无心工作，不仅打扫房间的时间要拖到三个小时以上，而且连每天擦皮鞋的例行差事也竟忘记去做。林语堂教训了他一次、两次、三次，都没有效果。无奈之下，林语堂便下了最后通牒——如果第二天早上6点半不把皮鞋擦亮，在卧室前放好，便要解雇他。林语堂决心整饬纪纲，整天板起面孔，不同阿芳说话。晚上临睡前，又把三个用人召集起来，重申关于解雇的警告，大家都面有惧色，尤其是那两个女仆。林语堂以为这一下家中的纪纲总可以恢复了，于是安然就寝。

第二天早晨，林语堂6点醒来，静听房外的动静。6点20分，那21岁的女仆把擦亮的皮鞋送来了。林语堂说："我是要阿芳自己送来，你为什么替他带来？"

"我正要上楼，顺便替他拿来。"她恭而有礼地回答。

"他自己不会带来吗？是他叫你的，还是你自己做主？"

"他没叫我，我自己做主。"

林语堂明知女仆在撒谎，但不好意思戳穿她。想到自从阿芳来家后，承担了不少原先由林语堂承担的家务，使自己可以抽出时间安心地读书写作，林语堂又一次原谅了阿芳。从此，一切听其自然。

在林语堂的庇护下，阿芳日益无法无天。一天，阿芳和女仆间的隐情终于东窗事发了。林语堂从外面回来，发现女仆正在换床单，林语堂觉得床单才换过一两天，不需要换。仔细一检查，才发现了秘密：原来，阿芳趁家里无人时，与那洗衣女仆在林语堂房间里幽会。"干柴烈火便在床上点着了。但匆匆忙忙，心慌意乱，床单上留下了痕迹。"林语堂把阿芳唤来盘问，他只得如实坦白，林语堂又气又好笑，"狠狠地教育了他一顿"。林语堂还费了一番功夫说服廖翠凤从轻发落，最后糊涂过去了事。

实际上，阿芳和女仆照样偷偷幽会，只是做得更隐蔽一些，不再留痕迹了。这对鸳鸯又串通一气，不仅合伙偷窃家中贵重的银器，而且还在外面行窃，最后被捕入狱。这时，林语堂也帮不了阿芳的忙了。两年后，阿芳出狱，无颜再去见林语堂，而林语堂却一直非常想念这个聪明反被聪明误的阿芳。

第五章 阴阳互补 共建『有不为斋』

幽默与爱情：林语堂与廖翠凤

刚到上海时，林语堂住在善钟路的一套西式公寓房子里，有书斋、客厅、卧室、厨房及卫生间，但没有停车间，也没有用人住的下房。经济大改观后，林语堂搬进了忆定盘路（今江苏路）43号（A）的花园洋房。

忆定盘路一带属于租界越界筑路。所谓越界筑路是半殖民地的上海社会的一个"怪胎"。简单地说，就是列强的租界当局，越过租界界线所筑的路，这是列强扩张自己的势力范围的一种手段。凡是越界筑路的地方，马路上和小巷里的门牌号码都是统一的。所以，林语堂的住宅虽然是在忆定盘路上的一条狭狭的巷子深处，但门牌号码仍是按忆定盘路上的顺序排列下来的。

这是一所精致的现代住宅，林语堂之所以选中它，完全是因为它有一个绚丽多彩的花园。出生于闽南山村的林语堂，成年以后，身居城市，心向自然，找一个带花园的住宅，也算是对他那向往自然的一种心理补偿。林语堂是按照住宅与庭园是一个有机整体的中国传统文化观念来安排自己的庭园的。所以，忆定盘路43号（A）的"庭园"的"园"字，不是西方文化观念中的花园里的一块草地或一些几何形的花床，而是指

第五章
阴阳互补　共建"有不为斋"

一块能供种菜、种果树，能坐在树荫下乘凉的地方。

林宅的庭园中，除白杨外，还有桃树等果树，同时也有菜园。又根据"两脚踏东西文化"的原则，庭园里还有专为三个孩子设置的秋千、滑梯等儿童体育设施，有一块属于孩子们的儿童乐园。

在寸金之地的上海，这可是一个不小的庭园，园里的白杨树就有40多棵。春天来了，白杨树枝便长出小小的嫩芽，接着树叶也逐渐长大，直到茂密的树叶把园外的野景完全遮住。春天，庭园里的万物都欣欣向荣。鸽子在屋檐的巢里生蛋。园内的三棵桃树开着美丽而又鲜艳的花朵，但所结的桃子，却全是又小又酸的果实。各种小花也都从墙隙中挣扎出来，但首先报春的是紫色的常春藤，它在林语堂的"有不为斋"书房外面默默无闻地开放。当墙上的树叶越来越稠密的时候，就是玫瑰要开花的预告。林宅庭园里的玫瑰花品种繁多，色彩鲜艳。

林夫人是家政的总理，也是一切家庭计划的制订者和现场总指挥。庭园是她大显身手的场所，她制订了管理和发展庭园的各种方案，什么地方、什么时候种什么花，全由她一手安排。玫瑰花盛开的那些日子里，她一早到园里为玫瑰花除虫。人人爱花，爱花的人常常会情不自禁地去采花，于是她又对采花规定了细则：刚开放的花不许采——应该让它自然地生长在花枝上展现它们的自然美，要等到墙上的蔓藤异常繁密时，才允许孩子们采些花来放在客厅的花瓶里，或是各人的屋子里；但有时亲友们来了，林夫人就亲自用剪刀剪几枝给他们，当群芳争艳的高潮过去以后，也允许家里女佣采花插在自己的发髻上。

林语堂十分醉心于春天的庭园。清晨，他到庭园去散步，牵着小女儿，边走边欣赏各种飞鸟的歌唱，在他前后，大女儿和二女儿则蹦蹦跳跳地游戏着……

庭园里动人的春色曾孕育了林语堂的文学灵感。那年从安徽旅行归来，他看见春的脚步已悄悄地踏进家园的草地，春的手指正在抚摸着墙上的蔓藤，春的气息吹拂着柳枝与桃树的嫩芽，玫瑰枝条上长出了蓓蕾，蚯蚓又在园中的花台上钻起一小堆泥土，甚至连堆放在园地上的白杨枝也奇迹般地萌出了青葱的新叶。万物都散发出生命的光辉，凡是生命都在大自然的威力下展示着自己的活力，花草树木以其生机勃勃的长势来应答自然的召唤，而园内那些没有思想的动物，从鸽子到狗也都因为春天而演出了原始的悲剧或喜剧。有大脑思维的人，从厨子、阿金，到书店里常来送稿子或校样的小伙计，则更是陶醉在春色之中了。春天奇妙的威力，庭园里的那些变化，使林语堂文思泉涌，写下了那篇优美的散文——《家园之春》。

夏天，蝉栖息在白杨树上，整天不知疲倦地唱着单调的歌。林语堂从上海老城隍庙里买来两只荷花缸，那只二尺半高的荷花缸，直径有二尺光景，粉红色的荷花美丽悦目。

清早，林语堂带孩子们散步时，总可以看到在面盆般大小的荷叶上，散布着许多小水珠。孩子们跑过去摇动荷叶，水珠便向叶中央凝集，先是滚成几颗大水珠，接着几颗大的又滚在一起，有时大水珠会变成许多小小的水珠，在金色的朝阳下闪

第五章
阴阳互补　共建"有不为斋"

闪发光。清新芬芳的荷花香味迎面扑来，令人赏心悦目。

一次阵雨之后，屋后的溪水上涨了，林语堂发现那里有许多三寸左右长的小鱼，这些鱼的嘴上生着五根细毛，孩子们便叫它们"五须鱼"。林语堂和孩子们捕捉了四五条，放进荷花缸，缸里有1/3的清水和2/3的泥，所以"五须鱼"一放进缸里立即就钻入泥污不见影踪了。几天以后，经过生存竞争，小鱼吃掉了荷花缸的老居民——小蝌蚪。于是，整个夏天，荷花缸都成为"五须鱼"的天地。林语堂和孩子们经常来园里观看小鱼在缸里自由地游泳。当荷花变成莲蓬以后，林语堂一家人高兴地剥着莲子吃，而小鱼则和荷花一起消逝了。

园里的白杨树每年都要修剪，这项工作由廖翠凤女士亲自规划和实施，林语堂不大参加，只偶然从"有不为斋"跑出来，对关键的事情向夫人面授机宜。修剪40多棵白杨树，可不是一件轻而易举的事。全家出动总要忙三四天时间，主要的体力劳动落到阿金和阿根等男佣的肩上，廖女士来来去去地指点着哪棵树的哪一枝条要砍，而哪一枝条要留。孩子们则在砍下的树枝中到处寻找奇形怪状的木头，她们还把砍下的枝条围成篱笆，并用石头和绳子来加固篱笆。不久，在庭园里出现了一个属于孩子的小花园。

在生活中让孩子们发挥自己的天性，这是林语堂作为一个父亲教育孩子的基本方针。他看了孩子们粗糙而幼稚的"建筑"很高兴，虽然他预料到这篱笆的寿命不会太长，任何一次暴风雨都可以把它们摧毁，可是他并不越俎代庖，而是让孩子

幽默与爱情：林语堂与廖翠凤

们按自己的设想做下去。于是，在林语堂听其自然的方针下，一些小花木被移植到小花园里来了，一些石块被搬进来当凳子。三个女儿还郑重其事地把这小花园命名为"三珠园"，她们用一块纸牌写上"三珠园"三个字，表示正式落成，邀请林语堂、廖翠凤去参观她们的工程。

不出林语堂的所料，"三珠园"很快就毁于夏天的阵雨，但是林语堂和孩子们都没有责怪那无情的阵雨。因为，那天天气异常闷热，一屋子人都嚷着热得难熬，一阵倾盆大雨，带来了千金难买的清凉，大家拍手称快，也就不惋惜"三珠园"的覆灭了。

浇花，是夏天的日常工作，每天下午四五点钟的样子，阿金用接在自来水龙头上的水管向花上喷水。这时，林语堂和孩子们常常跑来帮忙，他欣赏着枯萎的花朵在水分的滋润下苏醒过来以后又生机盎然的神态。

菜园是这庭园的一部分，这是林语堂为了让孩子们从植物生长过程中体验"造物主的神秘"而特设的，根据季节的变化，菜园里轮流种着番茄、豆子、芹菜、南瓜，皆由孩子们施肥照料。有一次，林语堂心血来潮地要叫孩子们尝一尝亲自栽培的粮食是什么滋味，便在4月份种下了稻子。开始，在林语堂和孩子们的精心培育下，稻子长势良好；夏天，林语堂带全家上庐山去避暑，回来的时候，稻子长得比孩子还高，可是却不能吃了……

一个美满的家庭在动荡的社会生活中是人生最可靠的避风

第五章
阴阳互补　共建"有不为斋"

港，林语堂幸运地遇到了廖翠凤这样的贤内助，使家庭成为他发展事业的后方基地。

林、廖的婚姻是奇妙的结合，这是两个个性完全相反的人。林语堂出身于一个充满欢乐的穷牧师的家庭，而廖翠凤则在一个重男轻女的钱庄老板的家里长大。廖女士对外面社会上的事情不大知道，不仅对国家大事不太关心，甚至对林语堂为什么要在《语丝》上写文章骂人，后来为什么又要提倡幽默，为什么想发明中文打字机、编纂字典等工作，她都不大清楚。

在《语丝》时期，林语堂写文章，任意而"骂"，廖翠凤担心他的安全，劝他不要再写"批评政府的文章"。可是，林语堂不听偏要写，廖翠凤生气了。

"你为什么不能好好的教书？不要管闲事了。"她厉声说。

"骂人是保持学者自身尊严，不骂人时才是真正丢尽了学者的人格，"他答道，"凡是有独立思想，有诚意和见解的人，都免不了要涉及骂人。"

"你在'邋遢讲'！"她骂道。这句厦门话，意思是胡言乱语。①

即使到了上海，林语堂的"幽默"文章已风靡文坛，廖女

---

① 林太乙：《林语堂传》。

幽默与爱情：林语堂与廖翠凤

士对丈夫经常"开夜车"写文章，仍认为是在胡说八道"邋遢讲"。但这时，她已不再"厉声"喝骂了，夫妇间的对白像说相声一样有趣：

"堂呀，你还在邋遢讲，来睡觉吧。"
"我邋遢讲可以赚钱呀。"
"你这本书可以赚多少钱？"
"不知道。你要多少？"
"多少都要。"……使她惊异的是，他胡说八道，居然有这么多人欣赏，居然可以赚钱。有一次，算命的说她是吉人天相，逢凶化吉。她听了非常高兴。这多年来语堂没有出事，也许是因为她的关系。①

如果说，在家庭生活中，林语堂像一块岩石，那么廖翠凤就像海葵，牢牢地吸住林语堂这块岩石。岩石迁移到哪里，海葵也跟到哪里。

廖翠凤少女时受过严格的旧式教育，不仅被灌输了三从四德的封建道德思想，而且被灌输了基督教的严厉戒律和清教徒般的信念。林语堂与廖翠凤结婚以后，就向她宣扬李白的那套"浮生若梦，为欢几何？"的人生哲学，教她享受人生，把她被约束的天性解放出来。林语堂把生活视为永无止境的追求和

---

① 林太乙：《林语堂传》。

第五章
阴阳互补 共建"有不为斋"

探险,他随时都会有新的体验和发现;而对于廖翠凤来说,时间和空间是凝固的,只有面前的世界才是真实的,她只谈现实,也只面对现实。有一次,在欧洲旅游,林语堂带她游览希腊古迹,一座建筑在山丘上的卫城,她爬得精疲力尽,上山后的第一个反应是:"啊哟!我才不要住在这种地方!买一块肥皂都要下山,多不方便!"这是一个操劳家务的主妇的真实直觉,林语堂非常欣赏她的直感。

林语堂一生的成就,与妻子竭尽全力的支持是分不开的。林语堂专心致志笔耕,廖女士则尽心管理家务,安排他的饮食起居,照料他的日常生活,还要提醒他注意社交上的仪容,使他不失面子。林太乙在回忆父母时说:"她常盯着父亲看半晌,他不等她开口便替她说:'堂呀,你有眼屎,你的鼻孔毛要剪了,你的牙齿给香烟熏黑了,要多用牙膏刷刷,你今天下午要去理发了。'接着哈哈大笑。母亲就得意地说:'我有什么不对?面子是要顾的嘛。'"

林语堂在妻子面前,常常像一个顽皮的大孩子,一些生活琐事非要再三催促才肯去做,他尤其不喜欢理发,有时候廖翠凤催他去理发,他笑着说:"我以为我早已经小学毕业了。"女儿们曾生动地描写了廖翠凤如何像哄骗小孩似的要林语堂去理发的过程。

廖:语堂,你的头发该剪了。

林:不!还好哩。我从未见过有人像我这样的整洁。

廖：但是太长了。你去照照镜子看。
林：现在你看？并不长。我是整洁得不像作家了。
……
廖：请你听我的话。你明晚要去演讲。我见你有这样长的头发站在讲台上，真要觉得惭愧的。
林：假使让听众见到林语堂的头发这样的整洁，我也要觉到惭愧的。
廖：穿上大衣吧。……街上有一所理发店，很近的。
林：我知道。但我不要给他们做生意。

这一天，林语堂胜利了，他没有去理发。但廖翠凤盯住丈夫不放。次日，妻子又来哄丈夫去理发。

廖：你到理发店去吗？
林：不，我要预备演讲。
廖：不，请你吃过中饭再去吧。
林：啊，中饭后我要睡觉。
廖：那么在下午散步的时候再去吧。
林：请你不要烦，我不是你的儿子。
廖：但你也许是的。
林：我不是。
廖：现在，语堂，不要生气。去吧。
林：为了避免淘气，我就去吧。

第五章
阴阳互补　共建"有不为斋"

廖：啊，是的，你应当去。不要忘记叫他们洗洗头，太脏了。还告诉他们剪去半寸长。

林：对的，香！

廖：谢谢你。①

林语堂在这里又恢复了坂仔小和乐的顽童性格，而廖翠凤则代替了当年的母亲和二姐的位置，她好不容易地管住了这个顽童。

阴阳互补的林、廖是很相称的一对。林语堂常对朋友说："我像个轻气球，要不是凤拉住，我不知道要飘到哪里去！"

廖翠凤听了直点头，她骄傲地附和道："要不是我拉住他，他不知道要飘到哪里去！"

林语堂成名后，廖翠凤怕他喜新嫌旧，林语堂叫她放心。他说："我不要什么才女，我要的是贤妻良母，你就是。"廖翠凤听了放心了。林语堂生性不喜欢弱不禁风的少奶奶，讨厌装腔作势的交际花，所以，他不嫌打扮老实的妻子。

廖翠凤不赶时髦，头上梳的是一个简单的髻，穿的是样式普通的旗袍，戴着一副在德国留学时配的无框夹鼻眼镜。唯有高鼻梁的人才适合戴这种眼镜，而中国人的脸型能戴这种眼镜的寥寥无几，所以廖女士非常偏爱它，她用自己的高鼻梁夹住

---

① 林如斯、林无双：《吾家》。

幽默与爱情：林语堂与廖翠凤

了这副德国眼镜，眼镜一边有个细小的链子用钩子钩在耳朵后面。

她出身于旧式家庭，以家为中心的观念根深蒂固，同时，年轻时又曾就读于玛丽女校，学过西方的家政管理，又写得一手秀丽的书法。在当年上海文人太太们的社交圈里，她是遐迩闻名的治家能手。她在牢牢地拉住林语堂这只轻气球的同时，家里的上上下下，她都掌管得有条有理。在她的规划下，家中的五六名男女用人各尽其责，赏罚分明。她注重家庭卫生，首重饮食，常帮助仆人烧饭，借此监督厨房卫生。对于笨重的大衣和用名贵衣料做成的西装，她宁肯自己洗刷，也不送到洗衣店。

上海有一位从事妇女书刊编辑工作的人曾专访林语堂夫妇，问廖女士对林语堂的态度。她说："双方取互助合作的态度，家常事务，全由我负责，比较重要的，共同商量，决定办法。"

那位编辑又向廖女士请教"治家"经验，廖女士介绍了四点"经验"，除经济公开、收支平衡、厨房自主之外，她尤其强调对儿女的教育，她说："让儿女从小养成自己动手的习惯，不假手于婢仆，发展其个性，不用威力强制；如小孩犯过，用面部表情，使其觉悟；不能时常责骂，多骂必失其效力；有时可借他人的、间接的训导……"

林语堂夫妇非常重视对儿女的教养，注意培养孩子们各种动手的能力，因为林语堂夫妇绝对不希望孩子们成为衣来伸

第五章
阴阳互补 共建"有不为斋"

手、饭来张口的寄生虫。但是对孩子们的饮食起居，廖翠凤每必躬亲，当女儿们还小的时候，她宁可留在家里，与女仆一起照顾孩子们，也不出去参加社交活动。有时，迫不得已必须与林语堂一起外出时，她的心也总是在惦念家里的孩子们，因此，人在外面，心在家中，一切都没有兴致。有一次，林语堂带妻女去无锡作周末旅行。是时，小女儿林相如只有四岁，所以不曾同去。廖女士到了无锡就心不在焉，惦记着四岁的幼女。突然，她决定立即坐夜车赶回上海，把林语堂和两个女儿留在无锡过夜。

随着林语堂社会声誉的增长，他的各种社会交际和应酬也日益增多。读林语堂的文章，人们往往误会他是一个不拘形骸、潇洒放浪的任性者，其实他的生活非常有规律，拘谨严肃，井井有条。"他不喜爱宾客"，"平常他是绝不喜同朋友随便来往聊天"的。办《论语》等杂志时，他总是尽量利用电话联系各种编务工作，必要时碰个头，谈完正经事就散。但"在宴会的时间，他很高兴接待朋友，大家聚在一起闲谈一阵"。同时，他也乐意带着廖女士去参加朋友的宴会。相比之下，廖翠凤爱热闹，喜欢应酬。出门时，她总戴着耳环、戒指、胸针、手表，再加上那副国内罕见的德国夹鼻眼镜，风度十足，是个端庄太太的典型。她会讲英文，是基督教女青年会的一位活跃的会员。在女青年会的合唱团里，她是唱女高音的，有一次她居然参加了青年会组织的踢踏舞班，但主要不是为了跳舞，而是为了减肥。因为，自从成年以后，胖，一直使她烦恼。虽然,林语堂、廖翠凤的性格不同,但由于能配合默契,夫唱妇随,所以,在社交场上,林语堂夫妇是令人羡慕的一对。

林语堂"不喜爱宾客",并不是因为不爱社交,不要朋友。恰恰相反,只要不是浪费时间的闲谈,林语堂还是不拒绝正常的社交活动的。他周围有不少朋友,但他不滥交。林语堂的择友原则也是符合他的自由开放的个性的。他说他要好友数人,不必拘守成法,完全可以熟不拘礼,相互能尽情吐露自己的苦衷,能坦诚相告,无拘无碍,对柏拉图与《品花宝鉴》念得一样烂熟,还能说笑话。在精神方面必须富有,朋友们必须各有癖好,对事物必须各有其定见。这些人要各有自己的信念,同时也尊重别人的信念。当时,林语堂是论语派的主帅,但根据他的择友标准,"论语八仙"未必都是他心目中理想的知心朋友。

"不喜爱宾客"的林语堂偏偏有一个覆盖面很宽阔的社交圈,而且居然能应付下来,不得罪人。这多半要归功于廖女士,她从不欠人一顿饭。不论有朋友来家里,还是一起上饭馆,她都能成功地扮演好自己的角色。作为女主人,她总是亲切地招待来客,时常注意他们的盘子是不是空了。她宁可自己少吃一点儿,只要客人们快乐,她便非常得意。大女儿林如斯回忆说:"客人一到我们家,母亲总要看着他们吃饭,母亲常预备着精美的菜肴,有时候客人们把所有的东西,都吃得空空如也,但她一点儿也不吝啬,她的脸上流露着诚恳的笑容。"

第五章
阴阳互补　共建"有不为斋"

林语堂的小书房在楼下，取名为"有不为斋"，是书斋也是客厅，布置得十分幽雅。斋里铺着寸把厚的地毯，家具富丽堂皇，书架上则是洋装书和线装书并存，墙壁上挂着梁启超亲笔书赠的一副对联：

两脚踏东西文化
一心评宇宙文章

林语堂是一位勤于笔耕的作家，绝不在闲谈中虚度时光，但《论语》《人间世》等幽默小品杂志创刊后，为了组稿、编务等事情，他也不得不常在家里请客吃饭，或在"有不为斋"里接待客人，所以"有不为斋"一度也曾出现过"谈笑有鸿儒，往来无白丁"的盛况。

幽默风趣的斋主林语堂，以他那渊博的知识和见多识广的经历，使他总能成为社交场合的中心人物。他的谈锋甚健，古今中外，天南海北，奇闻逸事，无所不谈。而且妙语连珠，常使人忍俊不禁，客人们都在轻松的气氛中度过美好的时光。

林语堂提倡吸烟，所以，宾朋满座时，"有不为斋"必然是烟雾弥漫的。平时，林语堂最喜欢用烟斗吸烟。这烟斗在他的手里已不单纯是吸烟的用具，而是一件多功能的道具。比如，圆的那一端因燃点烟丝而发热，他喜欢用微温的烟斗在鼻子上轻轻地摩擦，因鼻子上有油，所以，他的鼻子和烟斗常是油光可鉴的。他说话时，烟斗就像教师手中的教鞭、交通警察

幽默与爱情：林语堂与廖翠凤

手中的警棍一样，成为他加强语气的一样道具。林语堂说，没有烟斗，他什么事也做不了。没有烟斗，他便满屋子乱跑乱翻，嘴里还会嘀咕着："我的烟斗！我的烟斗在哪儿？烟斗，烟斗。"找到后便满意地哈哈大笑。所以，他的女儿说："父亲常为他心爱的烟斗而发狂。"

"有不为斋"是文友们以文会友的地方，也是烟友们畅谈吞云吐雾之美的场所。《论语》中常有谈论吸烟的小品文，不了解内情的人，还以为《论语》是拿了烟草公司的广告费哩。据说，"饭后一支烟，赛过活神仙"这句话，最初就是出自林语堂之口，后来竟成为烟草公司的最佳广告用语而广为流传，这是林语堂所始料不及的。

福建人爱喝茶，尤嗜功夫茶。功夫茶虽然可口，却颇费功夫，忙于笔耕的林语堂，惜时如金，"功夫"比茶更可贵。所以，"有不为斋"虽备有好茶叶，但主客都不愿在喝茶上下"功夫"，何况他们也常常喝咖啡。

林家有自备的厨师，拿手菜是"八宝鸭"。这道菜深得林语堂全家的赞赏，家中待客，林语堂常叫厨师做闽菜献技，其中"水鸡（蛙）汤"一味，令人回味无穷。其实，廖翠凤的烹饪技术在厨师之上，能做得几手颇为出色的厦门特色菜。最受欢迎的是清蒸白菜肥鸭，鸭子蒸烂了，吃起来又嫩又滑，连骨头都可以吮，白菜在鸭油里蒸烂，入口即化。她做的厦门菜饭也很好吃，还有她的厦门卤面，更是别有风味，面里放猪肉、虾仁、香菇、金针、菠菜等佐料，用鸡汤熬成。这些佳肴使

第五章
阴阳互补　共建"有不为斋"

"有不为斋"的来客们难以忘怀。

林语堂的生活有严格的作息规律：平时，每天上午到中央研究院办公，下午和晚上是读书和写作的时间。星期四下午，是他所兼职的《中国评论》周报的例会，雷打不动。每周六或周日的下午则一定带妻女们去看电影，了解他生活习惯的人，都不在上述时间内拜访他。实际上，剩下来可以会客的时间是很有限的。林语堂见缝插针，充分利用极有限的空闲来进行社交活动。所以每星期天总有客人来吃午饭或茶点。几年之内，"有不为斋"接待了上海的大部分文化名人，如鲁迅、郁达夫、邵洵美、钱杏邨、桂中枢、朱少庸、全增嘏、徐懋庸、唐弢、赛珍珠女士、施蛰存、赵家璧，以及章克标、简又文、陶元德、徐訏、周黎庵、刘大杰等论语派同人。

"有不为斋"特有的情调和殷勤好客的主妇，促进了林语堂社交活动的良性循环，而对于那些"徘徊在中西文化之间，想找一条和谐的出路"的"骚人墨客"们，"有不为斋"具有一种不可抗拒的吸引力。因为"两脚踏东西文化"的林语堂，实际上是这批徘徊者的精神领袖。这批徘徊者是20世纪以来中西文化大碰撞的产物，他们自幼受传统文化的深刻影响，后来又都出洋留学，于是，多种文化并存于一身，就成了他们的共同特点。

这一群徘徊于两种文化之间的骚人墨客，后来都是英文《天下月刊》的编辑或撰稿人。《天下月刊》由温源宁主编，林语堂、吴经熊、全增嘏、姚克等任编辑，由中山文化教育馆印行。这是辛亥革命以后,水平最高的英文学术刊物。林语堂与其他《天下月刊》同人的主要区别在于:林语堂没有仅仅停留在"徘徊"上,而是很快地超越了"徘徊"的阶段,决定把"两脚踏东西文化,一心评宇宙文章"作为两种文化融合互补的基本框架。

事无巨细,到了林语堂这里就变成了两种文化之间的选择:是要西方的,还是要东方的;要新的,还是要旧的。他常常为这种选择而绞尽脑汁,林语堂在衣着打扮方面的反复变化,具体而生动地反映了他在东西文化接合部上彷徨的足迹。

刚从外国回来时,他西装革履,后来改穿中式布袍,有时加马褂,足穿青布鞋子,有时也穿皮鞋,他戴过西式的帽子,后来又认为中式的小帽舒服。从头到脚,如何穿戴,如何选择,他都有讲究。他常借题发挥,以服装来比较中西文化的长短优劣,成为他幽默文章的题目。他从西装意在表现人身形体、中装意在遮盖身体的中西服装哲学之不同上说开去,洋洋两三千字,褒扬中式服装合乎人体的自然形状,宣传中式长衫的优越性,贬抑西装领带之束缚人性,痛斥"狗领带"。而在现实生活中,林语堂为社交应酬的需要,也同样经常穿他所不愿穿的西装,并戴上被他斥为"狗领带"的玩意儿。

平常居家,他以肌肉、皮肤的舒畅为最高原则,穿着随便、自由、闲散,不时髦的长衫和称脚的旧布鞋,是必备之物。夏天穿背心,半裸身体,喜欢淋浴。

但在社交场合,他必然仪容端肃,一副金丝架眼镜,中式

第五章
阴阳互补 共建"有不为斋"

长褂、布鞋,口衔西式的烟斗或雪茄,一副中西合璧的派头。然后在中西合璧的书斋里,接待徘徊在两种文化之间的文人墨客,这一切构成了"有不为斋"的独特情调。

除了上述所说的文化界的各种各样的朋友、熟人外,林、廖两家的亲戚同乡,也在忆定盘路43号(A)的林宅中常来常往。接待,成了家庭生活中一项不可缺少的内容。

三哥林憾庐来得最勤,他那张笑嘻嘻的脸,很讨人喜欢。那时,他从家乡逃难出来,生活有困难,林语堂就帮他在《论语》杂志安排了一份差事。林憾庐是一个很忠厚和蔼的人,林家的兄弟姐妹们直到成年以后仍然保持着童年时的那种亲近。记得那一年,全家支持二哥林玉霖去圣约翰大学读书。玉霖毕业后,留圣约翰任教,补贴林语堂在上海读书的费用。一人有难,众人相帮,这是林家的家风,现在三哥有难,林语堂岂能袖手旁观。

二哥林玉霖,大弟林幽,这时都住在上海。玉霖有七男一女,林幽有两个女儿,大家经常见面,相当热闹。林幽总是笑嘻嘻的,讲起笑话来自己先笑个不停,要等他笑完才讲得出内容。为了提携弟弟,林语堂与他合编过《开明英文讲义》。

廖家是厦门有钱有地位的富商,那时,廖翠凤大哥的女儿桐琴、舜琴两姐妹,在上海中西女塾读书,与忆定盘路上的林宅只有一墙之隔,周末她们也常来林家住,廖翠凤就带她们一起去逛商店,买衣料、皮包等。这两姐妹打扮得很好看,后来,廖翠凤为那美貌的舜琴做媒,嫁给了在纽约做副领事的宗

幽默与爱情：林语堂与廖翠凤

惟贤。

天有不测风云，廖翠凤父亲廖悦发的豫丰钱庄倒闭了！那年，豫丰钱庄由于海外和内地来往的公司欠巨款不还，所以垮了。讨债的债主们封了廖悦发的产业，廖悦发背了一身债，儿子们不但不能为他分忧，还要破了产的父亲来养活他们，这都是廖悦发以往纵容儿子的结果（廖翠凤有兄弟姐妹六人，三男三女）。除二哥在圣约翰大学毕业后去美国学医之外，廖翠凤的大哥、三哥都没有好好念书，平时过着娇生惯养的生活，只会花钱、吸烟、喝酒、玩女人，什么正经事情都干不了。廖悦发破产后，他们仍旧依赖父亲混日子。廖悦发外貌威严，平时脾气就暴躁，是家庭的暴君，动不动便骂人，老婆和女儿是他的出气筒，钱庄倒闭后脾气越发暴戾，有时在三更半夜发脾气，闹得全家鸡犬不宁，廖翠凤知情后就经常寄钱回去。廖悦发当初重男轻女，想不到，最终还是女儿贴心。

廖家的亲戚也常来忆定盘路林家，他们从厦门带来廖家自制的萝卜糕，煎好后蘸黑醋、撒胡椒吃，非常可口。亲戚还带来金瓜粿、龙眼干、凸柑，还有一种用糖水香料腌的洋莓，叫咸酸甜，当然还有廖家自焙的肉松。林语堂夫妇最喜欢亲戚们带来的漳州铁观音茶，这是"有不为斋"待客的佳品，还有那水仙花球茎，也是漳州的特产。亲戚们把这些东西装在篮里，一篮一篮地带到上海；亲戚们回去时，廖翠凤也要买许多礼物，请他们带回去分赠。因为那时从厦门到上海可是一件大事啊！

第六章 抓住机遇 更上一层楼

| 幽默与爱情：林语堂与廖翠凤

机遇只垂青那些懂得追求它的人。林语堂就是一个懂得追求机遇的人。20世纪30年代中期，林语堂及时地抓住了赛珍珠所给予的机遇，使他的人生道路发生了重大的转折。

赛珍珠(1892—1973)是一位著名的"中国通"。刚出生四个月时，便随着她那当传教士的父母来到中国。1917年，25岁的赛珍珠与美国教会派到中国来的农学家洛辛·巴克结婚。在婚后随丈夫前往安徽宿县生活的五年中，她感受到中国农民的单纯、善良和聪明，因此萌发了要写下"为敬爱的中国农民和老百姓所感到的义愤"。她的第一本书是《东风·西风》，但奠定她在文坛上地位的，是1931年3月出版于纽约的《大地》。小说出版后，即被美国出版界所组织的"每月新书"推选为杰作，连续再版，很快被译成30国文字。1938年，《大地》荣获诺贝尔文学奖，她成为美国第一个获得诺贝尔文学奖的女作家。

赛珍珠经常自谓视中国如祖国，然而，她毕竟是一位生长在中国的外国人，看她的作品，她所体验的，往往不过是一些浮在表面的现象。也许，赛珍珠自己也意识到了这一点。所以，在1933年，她决定寻找一位中国作家用英文来写一本介绍中国的书。但这样的作家实在很难找,因为能用英文来写作的中国现代作家本来就有限,再加上赛珍珠的要求又相当高:她要求作者"在这混乱的时代并没有迷失方向。他们的幽默使他们能够正确地认识生活,这是多少代人用世故和学问培养出来的幽默。他们机智到足以理解自己、足以理解别人的文明。他们能够明智地选择自己民族所特有的东西"。她要求作者既能真实地坦露中国文化的优根和劣根,揭示中国文化精神的内核,又要在技巧上具有适合西方读者口味的那种幽默风格和轻松笔调。而在她看来,现代中国作家的作品,不是完全抄袭西方的,也是受西方的影响太深。因此,可供她选择的对象,屈指可数。起先她曾想到请张歆海撰稿,因为张氏有精湛的英语写作能力。可是不久,当她全面地估价了张氏的文化素质之后,又认为他难以承担此项重任。

  当赛珍珠快要失望的时候,正是林语堂在文坛上最出风头的时候。1933 年是"幽默年","幽默大师"理所当然地成了"幽默年"的新闻人物。早在这之前,赛珍珠已经读过林语堂在英文杂志《中国评论周报》的《小评论》专栏中的文章。1928 年,林语堂为该报撰写的《鲁迅》一文,是最早向外国读者介绍鲁迅的英文资料之一。几年来,林语堂的那些题材新颖的英文小品和他的"幽默与俏皮"的文风,曾给赛珍珠留下深刻的印象。赛珍珠特别欣赏林语堂的小评论在抨击时弊时的"无畏精神"——在俏皮里包含着火辣的讽刺,言人所不敢言,在不宽容时,又绝不宽容……

幽默与爱情：林语堂与廖翠凤

1933年的一天晚上，赛珍珠到忆定盘路林语堂家吃饭。

赛珍珠虽然已经40出头，但岁月好像并没有消损她美丽的容貌，她的衣着和肤色都是西方的，可是她那幽静的态度和从容的谈吐，显示出东方女性所具有的某些性格和心理。这时，她的《大地》已畅销世界，40万美元的版税，使她成为一个富有的女人，她花了五年时间将《水浒传》译成英文，这时已经在美国出版，林语堂十分欣赏赛珍珠中译英的《水浒传》。一个是"中国通"，一个是"两脚踏东西文化"的学者，他们有不少共同的语言，他们用英文交谈，谈得十分投机。

话题涉及某些在中国住过几年的西方人，他们回国以后就以"中国通"自居，著书立说。但是，这些著作充其量不过是海外猎奇，或者是对小脚、辫子之类的丑恶大展览。比如，1894年，美国传教士A.H.史密斯在《中国人的特性》一书中就竭力丑化中国人，认为容貌丑陋、长辫小脚、不守时刻、不懂礼貌、爱好嫖赌、不讲公德、虐待动物等是中国人的天性。美国老牌"中国通"甘露德在1923年写的《中国的毛病何在》一书中断言中国是一个劣等民族……对此，宾主都不以为然。

赛珍珠表示，她希望有一本阐述中国的著作，要避免上述的毛病。这本书应该渗透着中国人的基本精神，由中国人来写，要坦诚相见，不要为了取悦外国人而自惭形秽。因为中国向来就是一个骄傲的民族，具有坦率与骄傲的资本。

林语堂出其不意地说："我倒很想写一本书，说一说我对于中国的实感。"

第六章
抓住机遇　更上一层楼

"那么你为什么不写呢？你是可以写的。"赛珍珠十分热忱地鼓励道，"我盼望已久，希望有个中国人写一本关于中国的书。"

正是踏破铁鞋无觅处，得来全不费工夫。两人一拍即合，林语堂就成了赛珍珠的特约撰稿人。

林语堂受约之后，不敢懈怠，立即构思。

林语堂写作时，常常在床上先打好腹稿。在幽静的深夜，他熄了灯，却并不睡觉，有时还从床上起来，走到窗口，眺望窗外的风景。黑暗中，他的烟斗发出来的火星，像萤火般地闪烁着，有时他静静地坐在窗口，陷入沉思。但他主要的工作场所还是在世人皆知的"有不为斋"书室。

这部后来被命名为《吾国吾民》的书，前后共花费了林语堂10个月的时间。为了使自己能进入创作境界，他把写作提纲抄写在纸上，又把纸贴在"有不为斋"的墙上。林语堂进入高度紧张的工作状态时，"有不为斋"就成了他生命的一部分。全家没有一个人敢在他工作的时候去惊扰他，除了街上小贩的叫卖声之外，整幢楼房像深夜一样的寂静，只有遇到非常重要的事情，廖翠凤不得不与之商量时，才敢走进去。仿佛怕泄露什么秘密似的，廖女士一进去就迅速把房门关好，而那些天真的孩子们则挤在钥匙孔前窥视那充满神秘感的书房和那突然变得不可理解的父亲。

四面都是书架的"有不为斋"是一间舒适的屋子，安置在房间一角的那张写字台，平时总是十分整洁的，可是此刻写字台中间堆着一堆稿子,还有书、毛笔、铅笔和放大镜,烟缸里挤满了烟头和烟灰。写字台的周围都是烟灰和火柴杆,整个房间烟雾缭绕,气味刺鼻。

有时候,林语堂一边写作,一边微笑。这就暗示着他写得非常顺手。林语堂曾说,一个人心情忧郁的时候,无论怎样都写不出好文章来,因为作者自己就憎恶作品,又如何能引起读者们的兴趣呢——林语堂的说法,来自幽默文章的写作经验。

《吾国吾民》最后是在避暑胜地庐山脱稿的。1934年7月上旬,林语堂夫妇携带三个女儿登上去庐山的江轮。7月7日半夜,舟抵九江。船靠岸后,舱内燠热不堪,林语堂全家都睡到甲板上。林语堂和如斯、无双两个女儿先是朝天仰卧,数天上的星星,之后林语堂讲故事。天刚破晓,全家登岸,预备上山。

牯岭是庐山著名的避暑区,海拔1000多米。越往上走,山风越是凉气迎人。全家五口,雇了三顶轿子,最怕别人说她胖的廖女士独坐一顶,大女儿坐一顶,二女儿和三女儿,一个八岁,一个四岁,两人合坐一顶,林语堂自己则徒步登山,走累了就和大女儿对换,上轿子坐一段。

从山脚到山顶,约有两个半小时的旅程。途中,林语堂一家在路边的茶馆里稍事休息,吃些橘子,喝杯茶。到目的地后,中国旅行社把林语堂介绍到建筑得十分精巧的仙谷旅馆,客人们都住在平屋里,林语堂租了一套两间半的客房。

在屋中小憩了一会儿,林语堂和大女儿、二女儿来到

"仙谷客舍"前潺潺的流泉边,脱去鞋袜,步入水中玩耍。清凉凉的泉水使林语堂的神经异常兴奋,他仿佛又回到了西溪河畔。

次日,天刚亮,林语堂就醒来了。牯岭真是名不虚传的避暑胜地,和炎热的九江宛如隔了一个季节。早晨凉气袭人,穿了一件夹袄仍嫌不够,林语堂只得再加一件夹袍子,三个女儿都穿起了羊毛衫。

"仙谷客舍"价格昂贵,伙食也不如意。据早来几天的游客介绍,山上另有空屋可租。于是林语堂急忙搬出客舍,租到了一所避暑的别墅。这是一幢用山石建筑的房子,一边对着山岩,另外三面都是树林,像云雾中的仙窟。在这里,林语堂饱览了庐山美丽的风景。早上可以看见密集的白云在山谷上游移,阳光从白云后面直照远山近谷。有时乌云从敞开的窗户里飘进来,房间里变得模糊不清,身上也觉得有点儿寒战,于是只好把门窗暂时关闭片刻。通向山峰的小径铺着碎石,平滑而洁净,两旁都是松树,阵风吹来,树枝晃动,犹如大海怒涛的吼声。

如此赏心悦目的良辰美景,本是奋笔疾书的大好时光,可是林语堂竟三四天没有动笔——原来,在这别墅的屋后,林语堂发现了一个有泉眼的小水潭,他灵机一动,想把它改造成一个可以洗脚的小水池。动手以前,他自负曾是圣约翰大学的运动明星,以为这点小事不费吹灰之力。半天下来,才知道不那么简单,由于长期忽略体育锻炼,肌肉已经开始退化了,今非昔比。然而既已动工，林语堂的个性又不允许他半途而废，只好硬着头皮干下去。孩子们觉得好玩，也来帮忙。父女们半是游戏，半是劳作，仅在小潭的四壁砌起小石块，就花费了父女四人两天半的时间。终于筑成了一尺多深、一尺多长、一尺多阔的水潭。小水潭里充满了一定水位的泉水，从不外溢。看着这么好的水质，林语堂舍不得用这来之不易的水洗脚，而把它当作"土冰箱"，每天早晨把橘子、苹果、果子露或西瓜放进水潭，到中午取出来吃，清清凉凉的，别有风味。在整个避暑期间，林语堂一家都得益匪浅。可是，这"土冰箱"的建筑师林语堂却由于这两天半的劳动便臂酸手痛，一握笔，手就颤动，拇指发硬，伸屈不便，竟然三天不能写字，这对林语堂来说是个不小的损失。廖女士见到此情此景，不禁怜惜地笑着说："可怜的孩子，一点儿气力都没有。"

但林语堂并不认输，他照样向女儿们夸耀自己当年在大学运动场上雄姿英发的光荣历史。

虽然不能写作，林语堂也绝不会浪费时间，他趁机读完了《野叟曝言》，颇有心得。几天后，林语堂开始在英文打字机上创作《吾国吾民》。他工作的时候，孩子们也在练习毛笔字、读书、画图，各不相扰。

尽力工作，尽情作乐。这是林语堂的信条，他工作时，高效率高节奏；休息时，充分愉快地游乐。在写作间歇时，有三四次，林语堂带全家去寻访庐山的名胜古迹。从上海家里赶到庐山的那位厨子也常与他们同行。他们提着盛装水果、毛巾和泉水的篮子,攀缘在高山峻岭之中。每到一处,就听和尚们讲述神话传说和古迹的来历。沿途的山路旁常有野百合花及其他美丽的花朵。林语堂和女儿们一样兴奋地奔跑着去采集野花。正午,烈日当空,林语堂和女儿们一起脱掉鞋袜,在路边的山溪中洗脚,双脚浸入冰凉的泉水中,真痛快极了。

旅途中,林语堂和家人们常在寺院里午餐,由僧人供给素斋,还品尝了用庐山山泉冲泡的庐山云雾茶。最难忘的是那次用"天下第七泉"的水所泡的云雾茶。大家都知道,名泉泡名茶,机会难得,所以每个人都喝得肚子发胀方才罢休,临走时还用瓶子装了一瓶泉水带回别墅。

江西是中国名瓷的故乡,庐山附近就有瓷器的贸易集市,景德镇的美丽工艺品,使林语堂夫妇流连忘返。林语堂买了一套用茶点的瓷器和几只装饰用的花瓶,其中一只天蓝色的花瓶,瓶口上装饰着一条天蓝色的小龙,十分惹人喜欢。允许买卖双方随意讨价还价,这是中国民间集市的习惯。作为钱庄老板的女儿,廖女士以家庭主妇的精明,成功地应付了商贩的狡猾。面对着商贩们的漫天要价,林语堂常不知所措。这时,幽默感是属于"幽默大师"的夫人的,廖女士沉着地还价道:

"打对折,否则我们不要。"

"不行,不卖。"老练的商贩一口回绝。

林语堂很喜欢这些瓷器,他担心妻子杀价太狠,会使他失去心爱的瓷器,他用福建方言暗暗提醒妻子:打对折的要求是否有点过分。可是妻子没有理会丈夫的眼色,继续与商贩还价,看来她胸有成竹。经过两分钟的讨价还价,商贩知道遇上了对手。于是,现实主义的态度占了上风,双方都做出让步。结果,常常是以开价时的六至七折成交。

有一次,廖女士欲擒故纵,装出不想买的样子,拉着林语堂走出集市。最后,商贩不得不追出来,叫住他们,喊道:"卖给你们吧!"当然,廖女士也不是常胜将军,在另一次买卖中,他们往返两次,最后终于屈服于商贩的价格——因为林语堂实在喜欢这些瓷器,妻子不愿让丈夫扫兴。而在女儿们看来,这有趣的交易,简直是一种艺术。

1934年的牯岭镇规模很小,没有电影院,却有一家大书店,这是林语堂经常光顾的地方。牯岭的店铺大致上分为两种,一种专做外国游客的生意,而另一种做中国人的生意,后者大部分是小店铺。太阳西斜时,林语堂在一天的紧张写作之后,也需要放松一下。这时,他就常带着孩子们到镇上的小茶室里去吃冰淇淋。

经过一个多月的埋头苦干,《吾国吾民》的书稿终于杀青了,林语堂的避暑生活也就告一段落。

8月下旬的某日,林语堂全家依依不舍地离别了庐山,来到九江,等候回上海的轮船。林语堂在九江鄱阳湖畔的"花园旅馆"租了一间临湖的房间。这家中式旅社有一个美丽的花园,从这里可以远眺在白云中忽隐忽现的牯岭山峰。然而,此地热浪逼人,与牯岭上的清凉世界有天渊之别。

晚饭后,林语堂热得睡不着,就租了一艘小船,夜游鄱阳湖。船家是一男一女，他们让船慢慢地在湖心摇荡。月光在水上闪动，妇女们则乘夜晚的凉风在湖边捶洗。有节奏的捶衣声和轻快的谈笑声不时地传到船上，孩子们偎依在母亲的怀里，静听船夫演义那古代的传说和故事。林语堂吸着烟，他的心又回到了少年时代西溪的五篷船上，他静静地回忆着自己的人生。

次日，林语堂全家登上了回上海的江轮，轮船顺水而下，只见江水滔滔，漫无边涯，两岸青山滴翠，江上舟船往来。林语堂极目骋怀，神游于天地之间，不觉精神一爽，他的心潮，也像江水一样汹涌奔腾——按照中国传统的年龄计算法，生于1895年的林语堂，在这一年已经40岁了。孔子说"四十而不惑"。"不惑"之年的林语堂已经以"幽默大师"而蜚声文坛，所以他踌躇满志地回顾了自己所走过的生活道路。写下了一首题为《四十自叙》的七言长诗：

> 我生今年已四十　半似狂生半腐儒
> 一生矛盾说不尽　心灵解剖迹糊涂
> 读书最喜在河畔　行文专赖淡巴菰
> 卸下洋装留革履　洋宅窗前梅二株
> 生来原喜老百姓　偏憎人家说普罗
> 人亦要做钱亦爱　踯躅街头说隐居
> 立志出身扬耶道　识得中奥废半途
> 尼溪尚难樊笼我　何况西洋马克思

| 幽默与爱情：林语堂与廖翠凤

出入耶孔道缘浅　　惟学孟丹我先师
总因勘破因明法　　学张学李我皆辞
喜则狂跳怒则嗔　　不懂吠犬与鸣驴
掣绦啮笼悲同类　　还我林中乐自如
《论语》办来已两载　笑话一堆当揶揄
胆小只评前年事　　才疏偏学说胡卢
近来识得袁宏道　　喜从中来乱狂呼
宛似山中遇高士　　把其袂兮携其裾
又似吉茨读荷马　　五老峰上见鄱湖
从此境界又一新　　行文把笔更自如
时人笑我真聩聩　　我心爱焉复奚辞

我本龙溪村家子　　环山接天号东湖
十尖石起时入梦　　为学养性全在兹
六岁读书好写作　　为文意多笔不符
师批大蛇过田陌　　我对蚯蚓渡沙漠
八岁偷作新课本　　一页文字一页图
收藏生怕他人见　　姐姐告人抢来撕
十岁离乡入新学　　别母时哭返狂呼
西溪夜月五蓬里　　年年此路最堪娱
十八来沪入约翰　　心好英文弃经书
线装从此不入目　　毛笔提来指腕愚
出洋哈佛攻文学　　为说图书三里余

第六章
抓住机遇　更上一层楼

抿嘴坐看白璧德　　开棺怒打老卢苏
经济中绝走德国　　来比锡城识清儒
始知江戴与段孔　　等韵发音界尽除
复知四库有提要　　经解借自柏林都
回国中文半瓶醋　　乱写了吗与之乎
幽默拉来人始识　　音韵踢开学渐疏
而今行年虽四十　　尚喜未沦士大夫
一点童心犹未灭　　半丝白鬓尚且无

　　种瓜得瓜，种豆得豆，林语堂在庐山牯岭苦干一个夏天所播下的种子终于收获了。1935年9月，《吾国吾民》在美国出版，一炮打响……

　　林语堂果然不负赛珍珠的厚望。当赛女士读罢那厚厚的一叠原稿，忍不住拍案惊呼：这是"伟大著作"！并亲自为该书撰写序言，誉之为："这一本书是历来有关中国的著作中最忠实、最巨大、最完备、最重要的成绩。尤可宝贵者，它的著作者，是一位中国人，一位现代作家，他的根蒂巩固地深植于往者，而丰富的鲜花开于今天。"

　　《吾国吾民》分两部分，第一部分谈中国人的生活背景，种族上、性格上、心理上、思想上的特质；第二部分介绍中国人生活的各方面：妇女、社会、政治、文学、艺术。林语堂用英文写作的《吾国吾民》，越过了语言的隔膜，使外国人对中国文化有了比较全面的了解。因为，那时的美国读者对中国人的认识极其肤浅。他们在美国所见到的中国人大多数是在中国餐馆和洗衣店里的华人。他们只知道在遥远的东方，有许多黄脸的"东亚病夫"。对于中国文化，他们只知道孔夫子、龙、玉、丝、茶、筷子、鸦片烟、男人头上的辫子、女人的小脚、狡猾的军阀、野蛮的土匪、保守的农民，以及瘟疫、贫穷和各种痼疾，等等。总之，中国和中国人对他们来说是神秘的，他们怀着好奇的心理急切地想揭开这神秘的面纱。

林语堂的书为美国人揭掉了蒙在中国人脸上的这层面纱。

"读林先生的书使人得到很大启发。我非常感激他，因为他的书使我大开眼界。只有一个中国人才能这样坦诚、信实而又毫不偏颇地论述他的同胞。"这是克尼迪（R.E.Kennedy）发表在《纽约时报》星期日书评副刊第一版上的书评中的话。

"林先生在欧洲、美国都住过，能以慧眼评论西方的习俗。他对西方文学有丰富的认识，不仅认识而且了解西方文明，他的笔锋温和幽默。他这本书是以英文写作、以中国为题材的最佳之作，对中国有真实、灵敏的理解。凡是对中国有兴趣的人，我向他们推荐这本书。"著名书评家伯发（Nathaniel Peffer）一向以持重而闻名于评论界，可是他在《星期六文学评论周刊》上竟以"最佳"等最高级的形容词来评价《吾国吾民》。

《吾国吾民》问世后的社会效果，使林语堂和赛珍珠同样感到激动，仅四个月间就印了七版，在当年美国畅销书目上名列榜首。一本中国人的著作，能列入Best-Seller十大名著之

第六章
抓住机遇　更上一层楼

一，畅销美国，这在西方世界是破天荒的。林语堂在美国一举成名。林语堂在美国读者中获得声望的同时，也为赛珍珠和她的第二任丈夫华尔希的出版公司带来了实利。作为出版家的赛珍珠夫妇，从接受美学的角度，认准了林语堂的这支笔与西方读者的心理是对路的，所以他们建议林语堂到美国从事写作。但林语堂正忙于写《中国新闻舆论史》，同时又与陶亢德、黄嘉德和黄嘉音筹备《西风》（这个以"译述西洋杂志精华，介绍欧美人生社会"为发刊宗旨的新刊物，在1936年创刊）。所以，对赛珍珠夫妇的建议，林语堂动心了，但没有立即做出决断。

《吾国吾民》在国外的声誉传到国内文坛，引起正反两种反响。有的人认为中国作家能在国际文坛成名，这是中国人的光荣，许多团体请他写文章、演讲，林语堂又一次成为新闻人物。也有的人说，林语堂发财了，《吾国吾民》得到了3万美元的版税（实际上，林语堂只拿到6000美元版税）。更有甚者，俏皮地将 My Country and My people 的书名译成"卖 Country and 卖 pepole"，意思说是"卖国卖民"。最滑稽的是，有的人——还是有相当社会声望的人在没有看到《吾国吾民》的中文本之前——竟然把上述的俏皮话作为根据，说《吾国吾民》是一本卖国主义的书，是一本出卖民族利益的书。而且几十年来，以此为据，辗转引用，作为批判《吾国吾民》的定性材料。

1936年年初，一些英美的机构请林语堂去赴会，夏威夷

幽默与爱情：林语堂与廖翠凤

大学请他去执教，赛珍珠夫妇也不断催他去美国写作。林语堂终于下了决心——走！这是林语堂人生的一次重大的决策，影响到他整个后半生的命运。

林语堂的一位朋友讲他最大的长处是对外国人讲中国文化，而对中国人讲外国文化。林语堂觉得这个评价是一语破的的，他还为自己做了一副对联："两脚踏东西文化，一心评宇宙文章。"如果说，在做这副对联时，林语堂"两脚"所使用的力量大致上是均衡的，那么，1935年《吾国吾民》出版后的意外成功促使林语堂重新设计了自己的创作道路：不再平均地使用"两脚"的力量，而把重心倾斜到向外国人介绍中国文化的那只"脚"上。

要全家五口旅居美国，必须得有充裕的财源为后盾，好在这时的林语堂与1919年去美国留学时的情况已大不一样，因为仅《开明英文读本》等教科书的版税，每年便可得6000元。他还有开明书店的股份8000元，人寿保险7000元，中国银行存款2000元，《宇宙风》股份400元，再加上为中外刊物撰稿所得的稿费，经济实力是雄厚的。当然迁居也需要一笔额外的支出，仅来回船票费用就要1200美元，再加上各种杂用支出，大约共需2000美元。但林语堂算过细账后觉得：到美国后，靠演讲、写文章的收入就可以维持全家生活，不必动用在中国的收入和《吾国吾民》的稿酬。

然而，举家赴美，非同小可，光是各种烦琐杂事，就很不容易处理。但林语堂不必为此操心，因为廖女士是出名的贤内助。有关家政方面的事,林语堂可以放心地交她全权安排,房子退租,家具处理,衣服细软该带的带,该卖的卖,该添的还得添。一部分家具送给三哥林憾庐,一部分寄存在二哥林玉霖和六弟林幽家,其余的寄存在朋友家。廖女士还把一些东西标价贱卖,不少朋友买了林家的便宜货。廖女士里里外外地忙了一个多月,总算把大小事情处理得有条有理。唯一不用廖女士操心的东西是书,这必须由林语堂自己来选择。他虽然已把10箱书寄存商务印书馆,但要带到美国的书籍仍旧非常多,仅仅是有关苏东坡的各种参考书籍就达13类100多种,其他各种珍本古籍也应有尽有。这是因为林语堂到美国是以写作为生,书籍资料是他写作时不可缺少的原料,所以,他不顾古籍线装书体积大、分量重,决定把大批必读书籍,甚至连孩子们的教科书也都装箱运走。因为他要让孩子们在国外继续学习中文,并由他自己亲自执教。

临行前,林语堂还专程去了一次北平,向文化古都告别。北平有他熟悉的琉璃厂书肆,有《语丝》时代的故人和现在的论语派同人……他在中山公园"来今雨轩",抽着烟斗,在袅袅的烟雾中,他重温了《语丝》时的"土匪"生涯……这里埋葬着他青年时代的梦。此刻,一个新的梦,隔着他自己所吐出的烟雾,在太平洋彼岸晃动……

当年,坐落在跑马厅附近的国际饭店,是上海,也是远东最高的建筑物。1936年8月9日,星期天,《中国评论周报》的桂中枢、朱少屏在国际饭店14层楼的宴会厅欢送林语堂夫

幽默与爱情：林语堂与廖翠凤

妇赴美。

这一个多月来，上海文化人已多次为林语堂饯别，他也多次谢别，但这却是临行前的最后一次大型欢送会了，因为第二天林语堂一家就要启程了。东道主桂中枢、朱少屏殷勤招待，中外新闻界人士和来宾们也向林语堂夫妇频频祝酒祝愿，主宾们谈笑风生，有的回顾往日的友情，有的瞻望未来，最后又合影留念。来宾中的伍连德博士还特备一艘"伍员"号小火轮，停靠在外滩仁记路码头（水上饭店左边），准备次日下午把林语堂一家送上"胡佛总统号"海轮。

1936年8月10日，对于林语堂一家是个异乎寻常的日子。从上午10点钟开始，送别的人络绎不绝，善于应酬的廖翠凤女士一向深得她所熟悉的那个社交圈的好评。可现在，大概是过分激动了吧，面对着一批批带着礼物来告别的至爱亲朋，她的语汇突然变得贫乏起来。

实际上，对于关系密切的朋友来说，要讲的知心话早几天就已经讲过了，在最后一天人来客往的场合里，自然不必重复。而对于那些平时极少来往的稀客或生客，在这应接不暇的忙乱时刻，林语堂夫妇只能紧握每一位来客的手，连声说："谢谢！谢谢！"在这一迭声的道谢中，掺进了一种复杂的离愁别绪。

远涉重洋，告别那曾给他带来"幽默大师"称号又给他带来各种甜酸苦辣的上海，林语堂的心极不平静，但他极力掩饰自己的心理波澜，故意显出十分轻松的样子，吃完午饭，还像往常一样午睡……

下午，林语堂全家登上了朋友的汽车，车里放着朋友们送的两只大花篮。在水上饭店左边的码头上，一大群送别的朋友都站在岸边。林语堂一家下车后就被欢送者簇拥着踏上了"伍员"号，小火轮载着林氏一家向停泊在江心的"胡佛总统号"驶去。下午6时左右，林语堂踏上了"胡佛总统号"的甲板。

晚上11时，海轮在阵阵汽笛声中启航，向辽阔而神秘的大海驶去，把"探险的孩子"送上了新的征途。

第七章 举家越洋 面对新航程

幽默与爱情：林语堂与廖翠凤

深夜，美国客轮"胡佛总统号"驶出了长江口，劈开万顷波浪，闯入夜幕笼罩下的太平洋。

甲板上，林语堂凭栏凝视着越来越远的故土，直到身后传来妻女们的叫唤声，他才依依不舍地进入船舱的客房。

林语堂心潮难平，他明白，这是人生旅途上的一次新的航程。前途，像眼前的大海一样，广阔无边，充满希望；同时，在海水下也潜伏着看不见的暗礁……

横渡太平洋的旅程是漫长的，再加上中途的停泊，"胡佛总统号"要在茫茫的大海上航行20多天才能到达美国。林语堂当然不会白白浪费时间，于是，船舱成了他在旅程中的"有不为斋"。

送别时，友人要他写离国杂感寄回《宇宙风》发表。林语堂觉得，告别故土，千绪万端，确实有感可言，但也不必把所有的感想全部倾泻出来，不如借此机会重申自己的文艺观点，表明他不是为了躲开批判的锋芒才离开上海到美国去避风头的。于是，他写了一篇《临别赠言》，先谈文学观点，再谈思想观点。

林语堂认为，提倡幽默，本不必大惊小怪。然而，偏有人

第七章 举家越洋　面对新航程

惊之怪之，倒反而证明确有一部分人不懂得什么是幽默，这就更表明有提倡的必要。他说，幽默与悲壮、激昂等一样是文学的一种要素，所以反对幽默是"道德遗毒"。在诚恳、亲切、自然、近情的文风中，幽默必不期然而至。中国文章向来是训话式的，非谈心式的，现在提倡幽默，倒不是叫文人个个学写几篇幽默文，而是叫文人在普遍行文中化板重为轻松，变铺张为亲切，使中国散文从此较近情、较诚实而已。

林语堂根据同样的思维定式，又谈到了性灵问题，他说：提倡性灵，纯粹是文学创作心理上及技巧上的问题，本来也不该引起什么争论。性灵和幽默都是叫人在举笔行文之际较近情而已。这些在西洋文学，都已经是常识，而在中国要提倡却如此之难。林语堂预言：今日提倡之难，三十年后人见之，当引为奇谈。但是我仍相信此为中国散文演化必经之路。

在思想观点上，林语堂左右开弓，对左右两派各打五十大板。他讽刺号称为"革命""前进"者，惴惴岌岌，怕人家说他落伍，一味抹杀中国旧文学，否认中国祖宗。同时，林语堂又批判军阀贪官，开口仁义，闭口道德，一味复古，也只是黠者之丑态。他说，"无理的急进"与"无理的复古"是两个极端，都因为缺乏中国文化精神中的理明心通、宽大自由的态度。他赞赏"五四"前后的北京大学，可以兼容复古派林琴南、辜鸿铭和激进派陈独秀、胡适在同校讲学的宽大态度。

在这篇临别赠言中，林语堂还把他从"不谈政治而终于谈

幽默与爱情：林语堂与廖翠凤

政治"的思想演变经过和心得体会公布于此，等于公开声明，他又要毫无顾忌地发表政见了。

8月14日，船到日本横滨，林语堂的《临别赠言》杀青，寄往上海。几天后，陶亢德收到稿子，立即发排于《宇宙风》第25期，这是林语堂离国后，在国内发表的第一篇文章。

途中，轮船在夏威夷停靠，想不到这里也有欢迎的人群。20多人聚集在码头上，摄影师忙着拍照，闪光灯发出刺眼的光。按照当地的风俗，欢迎者向来宾敬献了鲜花编成的大花环。林语堂和夫人的脖子上大约各被套上了8只花环，甚至连三个女儿也接受了14只花环，全家五口在夏威夷一共收到30只色彩鲜艳的花环。

夏威夷岛土地肥沃，花果茂盛，当地人热情好客，乐观，活泼，一年四季有20个欢乐的节日。林语堂一家下船后，游览了檀香山，只见到处是花，花园里尤其花团锦簇，美不胜收。海滩上白浪翻花，岸上旅馆林立，水族馆和植物园都吸引了大批游客。

林语堂一家在一艘玻璃底的船中，观赏水中奇景，透过透明的玻璃，满眼都是大大小小、奇形怪状的鱼在海水中嬉游，有红的、蓝的、绿的、紫的，五彩缤纷，光怪陆离，还有各种美丽的珊瑚。这是林语堂从未见过的奇观，真是大开眼界，惊叹不已。

到美国已经是9月份了。林语堂最初落脚在位于宾夕法尼亚州乡间的赛珍珠家。

第七章
举家越洋　面对新航程

那时，赛珍珠与她的第二任丈夫华尔希再婚不久。赛珍珠眉清目秀，满面红光，华尔希风度翩翩。他们拥有大片土地，还有专门招待客人的一幢空房屋，屋外是一片苹果园，为省下采集苹果的开支，赛珍珠竟让成熟的果子落了一地，任其腐烂。廖女士对这种浪费感到可惜，常说："真作孽！真作孽！"她捡了不少苹果，但也吃不完……这是美国生活方式给林语堂一家上的第一堂课！

林语堂在赛女士的别墅里，饱享异国乡居的风味，饥来园中摘苹果，兴发涧上捉鱼虾，又时常去纽约参加各种社交活动。他原想久宿乡间，享受大自然的山林美景。可是，不到一个月，问题就来了。一是附近没有中国饭店，虽然爱吃牛肉的林语堂可以对付，但是三个女儿一时还无法立即适应当地的饮食；二是要看戏，要听音乐，还得常常跑到纽约，往返半天，浪费时间。最后，林语堂决定定居纽约，在中央公园西边的一幢老式楼房的七楼上租了套公寓。

纽约，是富有者的天堂，也是罪恶的渊薮：有名冠全球的亿万富翁，也有乞丐；有资本主义者、共产主义者、社会主义者，也有自由主义者、无政府主义者；有来自各国的名流、美女，也有被逐的帝王、亡命的公侯和避难的革命家。纽约是冒险家、骗子、强盗、毒枭、杀手出没与藏身之所，聚集了地球上各种肤色的人种，是一个五光十色的不夜城，车水马龙，昼夜不息，充满了生气和活力。然而，它也有许多叫林语堂不舒服的地方——那千篇一律的高楼巨厦，就像一队队穿着同样制

幽默与爱情：林语堂与廖翠凤

服的士兵，远不如欧洲城市的多姿多彩。纽约是繁荣的，同时也喧哗得叫人心烦，缺乏宁静和美感。地下铁道的月台和阶梯都很龌龊，地铁里拥挤的车厢夹杂着一股股人的气味和汽油味，空气混浊得令人窒息。卓别林主演的《摩登时代》里的那种崇拜机器的现象更是俯拾皆是。

林语堂一家旅美之初，虽然享用了各种现代化的生活设施，却处处感到不舒服。这当然是和他们原先在上海的生活相比较而言的。

在上海，林家独住一座花园洋房，园中四季草木常青，仅白杨树就有40棵之多。园里还有一小块菜地，轮流种着番茄、芹菜、南瓜等各种蔬菜；而在纽约，举目都是摩天大楼、柏油路、车辆和人群。林家在上海至少有四五个仆人：有专门烧饭的厨子夫妇，有洗衣服的女仆，有带孩子的保姆，一度还有在室内听差的书童。而在纽约，劳动力就不像中国那样廉价了，每周来帮忙的零工，是按钟点付工资，只有阔人才有钱专门雇人。因为写作需要，林语堂已经雇用了一位秘书，专职的仆人就雇不起了，仅有一位黑女人每周来两次打扫房屋及洗衣服。

于是家务劳动的重担就压到了廖女士的肩上。过去，她只是家务劳动的组织者，现在变成了家里的主要劳动力，这个变化确实不小。不过，林夫人毫无怨言。因为，早在20年前订婚时，钱庄老板的女儿廖二小姐就决心与穷牧师的儿子同甘共苦一辈子的。好在林语堂和女儿都不是养尊处优的老爷小姐，于是，全家都争着帮廖女士分担各种杂事。

第七章
举家越洋　面对新航程

　　自己动手，人人劳动，成了家里的风气。大女儿、二女儿在厨房帮忙，林如斯第一次学会了炒鸡蛋，还管做咖啡、面包；林太乙负责拿牛奶、拿报纸、拾掇房间、揩拭桌椅；林相如做一些倒烟灰缸之类的轻巧事。

　　最难整理的是林语堂的房间，桌子下积满了火柴梗和烟灰等杂物。午饭后，林语堂常帮忙洗碟子，速度相当快，可以在五分钟内洗好并擦干全家五口用的碟子，但是损耗却令人痛心——经常打碎餐具。所以，只要听到乒乒乓乓的声音就知道准是林语堂在厨房里洗餐具。

　　林语堂觉得在美国管家，要比在上海容易：购物可用电话预订，到时送来；寄信不必上邮局，投入楼里的邮筒便了；即使打电报也可以用电话告诉电报局，月底和电话费一起结账。有关中国的信息，每天的报上都刊有美国联合通讯社及各报特派驻华通讯员来电。因此，他虽与故国远隔重洋，却能及时了解国内的重大事件。

　　林语堂不得不改变自己的生活方式。一般人看来，这不过是一个"适应"与否的问题，不值得多费心思。可是"两脚踏东西文化"的林语堂，却在入乡随俗的过程中，悟出了东西互补的大道理，他把一切思考都纳入了东西融合的思维逻辑之中。所以他在享受西方物质文明的同时，没有拜倒在这物质文明的脚下。他在受益于西方机械文明的同时，也深察了这文明的缺陷。

　　以纽约的生活起居为例，林语堂觉得方便则有，舒服倒不

125

幽默与爱情：林语堂与廖翠凤

见得，电梯、汽车、地铁、抽水马桶，皆方便之类，却不见得如何舒服。有人认为自己驾小汽车，十分逍遥，可林语堂认为在高速公路上长途驱车，挤得水泄不通，成长蛇阵，把你的汽车挤在中间，此时欲速不能，欲慢不得，根本不逍遥也不自在，一不小心，发生车祸，性命攸关，心惊肉跳。

那么，坐地铁如何？林语堂打趣地说：轰而开，轰而止。车一停，大家蜂拥而入，蜂拥而出。你靠着我，我靠着你，前为大汉之背，后为小姐之胸，大汉臭汗，扑鼻欲呕，小姐香水，隐隐可闻。然而，四十二街至八十之街，两英里半的路程，五分钟即达，方便得很，可是却未必舒服。

可是，生活上的一点儿暂时的不习惯，与他到美国后所得到的东西相比，毕竟是微不足道的。美国为他提供了一个介绍中国文化的广阔天地。林语堂早就向往这样的自由境界：像在大荒漠中的孤游者，"其佳趣在于走自己的路，一日或二三里或百里，无人干涉，不用计较，莫须商量"。

到纽约后，林语堂夫妇与美国文艺界有了广泛的交际。在宴会上，他认识了戏剧家奥尼尔（Eugene O'Neill），诗人佛洛斯特（Robert Frost），德国小说家、1929年诺贝尔文学奖得主托马斯·曼（Thomas Mann），舞蹈家邓肯（Lsadora Duncan），女诗人米莱（Edna St.Vincent Millay），女明星姬希（Lilian Gish），戏剧评论家那森（George Jean Nathan），作家及书评家卡尔·范多伦（Carl Van Doren），诗人马克·范多伦（Mark Van Doren），摄影家卡尔·范维克滕（Carl Van

Vechten),华裔女明星黄柳霜(Anna May Wong),等等。这些都是当年美国文艺界的精英人物,林语堂在与他们的交往中,对西方文化的现实水平有了进一步的直接体验。

1937年7月7日,日本挑起卢沟桥事变,全面抗战爆发。林语堂在美国和旅美华侨一起,同仇敌忾,以各种方式支援战乱中的故国。

美国一向有孤立主义,即所谓"门罗主义"的倾向。意大利侵略阿比西尼亚(埃塞俄比亚)时,美国国会竟通过了《中立法案》,对侵略国与被侵略国一律禁运武器。表面上好像一视同仁,实际上则不然。因为,意、日、德等侵略国都有强大的军火工业,它们不怕禁运,所以,禁运实际上限制了对被侵略国的援助。后来,西班牙内战爆发,美国又修正中立法案,命令美国船只不得接近危险地区。1937年5月,美国又修正中立法案,规定物资出口,必先付现款,并以外国船只运输。这样一来,海运力量极其薄弱的中国,就难以得到美国出口的物资。所以,中立法是有利于海上强国日本的。

"七七"事变后,美国国务卿赫尔宣布:美国对日本保持"友好的、不偏不倚的立场"。一部分坚持孤立主义立场的美国人,主张美国应避免介入中日冲突的旋涡;另一部分同情中国的美国人则痛斥这些貌似不偏不倚的"和平家"及"中立家"。

林语堂应美国《新共和周刊》主笔之约,撰文痛斥了这些美国的"中立家"。

| 幽默与爱情：林语堂与廖翠凤

《纽约时报》也请林语堂撰文阐释中日战争的背景。

中国驻美大使王正廷请林语堂去华盛顿，向美国人阐述中国的立场。

8月29日，《时代》周刊发表了林语堂的《日本征服不了中国》一文。

这时，《吾国吾民》第13版即将开印。林语堂奋笔疾书，补写了80页，作为第十章，加在书中，题目是"中日战争之我见"，表明了他的"中国必胜、日本必败"的坚定信念。林语堂对祖国的前途充满了信心，他说：

这样一个四万万人团结一致的国家，具有如此高昂的士气……绝不会被一个外来势力所征服。我相信，经过西安事变，中国获得真正团结之后，她就度过了现代历史上最危急的时刻。这样一个发展过程，我在新增加的一章中做了阐述，它的标题是《中日战争之我见》。其中，我记述了中国是如何一步一步地获得新生，成为一个现代国家的；1932年至1937年奠定的抗日基础；那些年代中无法忍受的局面，以及我自己的看法——武装冲突已不可避免，中国通过战争而获得新生也同样不可避免，不言自明；最后是我对最终胜利的预见——中国最终会成为一个独立和进步的民主国家。

全面抗战为中华民族带来了再生的希望。因此，林语堂

第七章
举家越洋　面对新航程

从一开始就没有把战乱给个人造成的损失放在心上。上海"八一三"事变爆发后，炮火焚毁了林语堂多年的心血——他从 1932 年起开始编中文词典，已编好的 52 册底稿在上海全部被毁，只剩下了他带到美国的那 13 册底稿。

1936 年 8 月 10 日离国时，林语堂一家买的是来回船票，期限一年，不能延长。原先，林语堂打算回国后到北平定居。而"七七"事变后，北平沦陷，接着，上海战事爆发，打乱了林语堂在一年前设计的全盘计划。

林语堂决定推迟回国。

当时，支持中国抗战的美国公众发起了抵制日货运动，因为日本生丝出口的 85% 都是销往美国的，所以丝货成了抵制运动的主要对象。在日本的丝货中，妇女穿的丝袜是主要的品种。因此，在抵制运动的高潮中，美国各大学女生都不穿丝袜，改穿细棉织品。在新闻纪录片中，Rochste 书院的数百名女生，由礼堂排队而出，手中各执一丝袜，扔入垃圾桶。而男生则宣布：不与穿丝袜的女生跳舞。

林语堂在美国积极宣传鼓吹抵制日货，并向国内军民报道了美国人民抵制日货、支持中国抗战的感人事例，鼓舞了中国军民的抗战士气。

那时，旅美华侨约有七八十万人，大多在洗衣业、制衣业等行业从事体力劳动，集中居住在纽约、华盛顿、旧金山、檀香山、洛杉矶、波士顿、芝加哥等大城市的唐人街里。

林语堂在美国耳闻目睹了华侨的爱国热情，深受感动，他

幽默与爱情：林语堂与廖翠凤

亲自参加了华侨的各种抗日救亡集会。同时，他还支持妻子参加救亡工作。

纽约的华侨妇女组织了中国妇女救济会，精明而瘦削的王正绪夫人任会长，廖翠凤任副会长。在林语堂的鼓励下，廖女士每天上午11点钟到第五十七街的救济会去办公，中午也不回家，而在救济会吃午饭，到下午五六点下班。虽然是没有报酬的义务劳动，但救济会的10多位工作人员都认真负责地积极向美国公众宣传中国抗日军民的正义斗争，最忙的时候，她们昼夜办公。在募捐大会上，有的华侨唱京剧，有的拍卖古董，成绩不错。救济会将第一批募集到的3万美元，于第一时间直接汇到中国。她们还向纽约的贵妇们分送宣传品、信件，或召开有关救济中国难民、孤儿的各种会议。

廖翠凤女士在救济会里提出的许多建议和计划，常令人拍案叫绝。日子一长，廖女士透露了其中的奥妙。原来，林语堂不仅支持廖翠凤丢开家务杂事，外出参加社会活动，还经常为廖女士的救济会工作出谋献策，所以，廖女士的那些高见，往往来自幽默大师的锦囊妙计。廖翠凤身为副会长，为筹款，有时需要演讲，但她英文不太好，林语堂就为她写演讲词，还帮她纠正发音。

林语堂还经常向国内读者报道旅美华侨怀着赤子之心支援故国抗战的动人事迹，以鼓励抗日军民的斗志。他在一篇《海外通信》中写道："3月来，美国华侨所捐已达300万元，洗衣铺、饭馆多按月认捐多少，有洗衣工人将所储小币全数交

第七章
举家越洋　面对新航程

给中国银行，精神真可佩服。所望为何？岂非中国国土得以保存？国若不存，何以为家？此华侨所痛切认识者。"

林语堂宣传抗日救国的文章，在美国公众里产生了很大的反响。因为，全面抗战爆发之时，正是林氏著作风靡美国之时。美国读者见到自己所喜爱的畅销书作者林语堂站出来批评"中立主义"呼吁支援中国抗战，他们带着信任或崇敬林语堂的心情，接受了林语堂的观点。

林语堂对美国公众的影响，使日本舆论界感到自愧。日本文化界的一些人认为，中日正式宣战后，美国舆论倾向于中国，是因为中国有林语堂等美国读者所熟悉的著名作家在美国大造舆论的结果。"当时日本舆论界觉得他们没有一个林语堂这样的作家可以在世界上争取同情为憾事。"

1938年2月初，林语堂偕全家离美旅欧。游览了欧洲的名胜古迹，领略了各国大自然的美丽景色和民情民俗。一年之内，英国、意大利、法国、瑞士、比利时等地都留下了他们的足迹。

但林语堂去欧洲，主要不是为了游览，而是为节省开支。因为欧洲的生活水准要比美国低。现在，林语堂是一位靠版税过日子的专业作家。1937年，他的总收入是1.3万美元，包括《吾国吾民》的版税、演讲费、稿费，以及国内开明书店的版税，而在美国的支出是1万美元。到1937年年底，林语堂一算账，结余是3000美元，他把1938年的生活费寄托在新书出版后的版税上，但在没有得到足以维持一年生计的版税之前，

幽默与爱情：林语堂与廖翠凤

林语堂决定减缩开支，到欧洲找一个生活费用低的小镇，从事写作。

在意大利，富有探险精神的林语堂带领全家爬上了正冒着烟的活火山——维苏威火山的火山口。

那天中午，林语堂全家在维苏威山脚下吃过便餐，便搭车上山。起初，汽车沿着乡间道路行进，从车窗向外看，可以望见一座被白雪覆盖的高山。在山坡上的一间小屋里有几位专为冒险者导游的向导，在向导的带领下，林语堂一家向着浓烟重雾的山顶前进。最后那一段路途，必须徒步，妻子和女儿们开始犹疑起来，她们怕维苏威火山突然怒吼，她们就会葬身于烈火熊熊的岩浆里。但是，以冒险为乐的林语堂坚持上山，他拉着小女儿，大女儿和二女儿手拉着手，而廖女士则由意大利向导重点保护，大家紧张地、小心翼翼地接近那火山口。

向导和廖女士在最前头开路，廖女士还不时回过头来喊"呀——啊！"作为前后联络的代号。

林语堂神情坦然，幽默如故，他突然提出一个问题："假使岩浆喷射出来，我们怎么办？"

母女四人一致回答：赶紧滚下山去，才能逃命，不要坐以待毙。

一开始，向导曾说只要走20分钟就可以到山顶了。但大家都觉得，这20分钟实在太长了。不知走了多长时间，他们忽然听到海啸般的一阵咆哮声，历时三分钟光景。这是从火山口传来的岩浆流动的声音。

第七章
举家越洋 面对新航程

终于到了火山口,林语堂踏上已经硬化的熔岩。虽然山上冷风嗖嗖,但这股 20 天前从火山口流出来的溶液,依然还保持着微温。这些已经凝固的岩浆,曲折蜿蜒,像一条巨蟒,也像一条下垂的绳索,直通那黑森森的火山心脏。这是一座随时随地都可能会突然喷射岩浆的活火山,只有在熟悉火山活动规律的向导的陪同下,才能趁火山两次喷发的间歇,见缝插针地去做冒险的"死亡游戏"。

就在林语堂一家离开火山口后 15 分钟,维苏威火山又喷火了——如果林语堂晚走 15 分钟,人们就永远也见不到《京华烟云》了——林语堂清楚地看见相距不到 20 尺远的火山口里,一股火舌喷射出一尺多高的火焰,那火红的巨蟒随着一声震耳欲聋的啸声,腾空飞跃。有一滴溶液竟飞溅到林语堂的身边,吓得廖女士惊叫起来,可是林语堂却面无惧色。

山上到处是裂缝、罅隙,从罅隙中还可以见到红色的熔岩。有的裂缝里在冒烟,透出难闻的气味。他们像一群误入恐怖世界的探险者,身边到处是死神的阴影。周围没有树木,没有生物,每一裂缝下面都隐藏着不可预测的灾难。他们已经找不到上山时的原路了,因为地壳在运动,地形随时都在改变,上山的路,这时也许已经被刚喷出的熔岩所覆盖,死神在与这些中国的冒险家做伴。

在向导的带领下,林语堂一家好不容易才走出了火山口周围危险的死亡地带。兴奋代替了恐怖,虽然四周仍是烟雾弥漫,但他们已经走到有雪堆的山腰间。幽默大师开玩笑地告诉妻女们，现在，即使火山大爆发，也不必害怕了，因为他们可以从这里的积雪上安全地滑下山去。

回到旅馆，想起刚才在火山口附近的险情，连林语堂也觉得有点儿后怕。此刻，平安归来，共进晚餐，全家人都感受到一种劫后余生的大团圆气氛。

一般人是不会带着妻女们去做如此危险的旅行的，而林语堂却觉得应该让女儿们见见世面。林语堂的目的达到了，这次难忘的历险记，在女儿们的脑海中成了生活史上的一段惊心动魄的经历。直到很久以后，女儿们还经常绘声绘色地追忆这次恐怖的历险，她们为自己有这样一位敢于让女儿们去冒险的父亲而骄傲。

林语堂周游欧洲的时候，正是第二次世界大战爆发前夕。德国法西斯疯狂地向外扩张，吞并周围的弱小邻国，进而争夺欧洲中心的战略要地，而英、法、美等国却采取所谓不干涉政策，对侵略者姑息纵容。

曾获得德国莱比锡大学语言学博士学位的林语堂，1938年带领全家踏遍欧洲，却唯独没有去德国。这是因为当时的德国法西斯已经成为世界和平的严重威胁。林语堂一向憎恨希特勒，这个独裁者的形象是他作品中讽刺鞭挞的对象。慕尼黑事件爆发时，林语堂一家在巴黎。法西斯的侵略行径直接影响到他们的正常生活，曾迫使《京华烟云》的写作暂停了五天之久。

1938年年初，林语堂全家抵达欧洲时，希特勒已加快了

第七章 举家越洋　面对新航程

鲸吞邻国的步伐。1938年2月12日，希特勒在别墅召见奥地利总理舒施尼格，甚至未让他坐下，就粗暴地要求吞并奥地利……在英法"绥靖"政策的纵容下，3月12日凌晨，德国侵入奥地利，开进维也纳。三天后，德国政府宣布：奥地利并入"德意志第三帝国"版图，称为"东方省"。

1938年7月14日，林语堂带领家人去参观法国国庆日阅兵式。作为德国的邻国，每一个法国人，都已感受到德国的战争威胁，不祥的阴云笼罩着整个阅兵式。那天清早，林语堂一家花了40法郎占了四把椅子。林语堂和孩子们站在椅子上争观阅兵式的盛况，只见一队队骑兵、步兵，以军乐队为前导，列队而过；涂着青灰色保护色的坦克车旁边，是头戴钢盔、身穿蓝制服的兵士；飞机呼啸而过，声如雷鸣，吓得鸽子到处乱飞……林语堂想起了战乱中的故国。

8月8日，《京华烟云》开笔时，捷德边境的形势已异常紧张，战争一触即发。9月15日，69岁的英国首相张伯伦匆忙飞到德国贝特斯加登，与希特勒会谈，建议由英法从中调停。希特勒要求立即得到苏台德区。经与法国总理达拉第协商，英法两国决定牺牲捷克斯洛伐克。22日，张伯伦又飞往德国，在哥德斯堡第二次会见希特勒，而法西斯的开价更高了，对捷克斯洛伐克领土希特勒提出了更多的要求。希特勒的狂妄野心震动了整个欧洲，英法两国陷入了战争恐怖之中。

巴黎上空，战云密布。法国政府宣布巴黎实行灯火管制，征集适龄壮丁入伍，召集后备兵入伍的名单就贴在林语堂住所旁边马路的电线杆上。同时，巴黎街头也出现许多失败主义的传单，宣扬除了对德让步外，别无选择。

在紧张而恐怖的临战气氛下，战备工作正在加紧进行，市政府派人挨户向居民分配黄沙，准备扑灭燃烧弹，家家户户都在储备食品、蜡烛，以防开战时突然断粮停电。在第一次世界大战和19世纪的普法战争中，德军都曾包围巴黎。因此，巴黎人在备战方面还是有一定经验的。林语堂一家当然随大流，去买了100斤大米，几瓶油，几袋盐和一些蜡烛，以防不测。

9月27日，巴黎整天下着雨。林语堂也和巴黎人一样，到处阅报或买报，急切地想知道最新的消息，焦急地分析新闻媒介所传递过来的各种信息，同时也害怕真的听到什么坏消息。林语堂看到许多巴黎人脸上都流露出恐惧感，他们摇着头，耸着肩，失去了平常的那种满不在乎的神态。旅游者也收起了好奇的笑容，满脸懊恼地埋怨自己来得不是时候，匆匆忙忙地去抢购离开法国的船票。五光十色的霓虹灯再也不激动人心，那耀眼的色彩似乎是它毁灭前的最后的闪光，悲愁笼罩了巴黎。

林语堂主张立即回美国去，但廖女士却不相信马上会大难临头，想留在巴黎静观其变。丈夫以安全第一为理由，据理力争，终于说服了妻子。尽早离开巴黎！这是最后的一致意见。于是林语堂马上去抢购最早离法的船票，一天两次到轮船局探听船讯、船期，廖女士则到银行去取款，而三个女儿在家开箱倒柜整理行李。

第七章
举家越洋　面对新航程

两天后,船票已有消息:10月5日有一艘亚斯加尼船驶出。这样,一家人10月1日就得到勒哈佛去候船,剩下的时间不多了,必须抓紧时间收拾东西。最重要的当然是林语堂的手稿和书籍、资料,廖女士整理衣服杂物,该留的留,该带的带,都要当机立断,几间屋子到处堆得乱七八糟。

还有一件事也非办不可,那就是到美国领事馆去办理护照签证。平时,这是不甚费事的例行公事,现在却因为人们都想早日避开战争,美国就成了人们向往的避难之地。大家争先恐后地拥到美国领事馆,签证处排起了长蛇队。已经排队轮到林语堂了,临时才知道要交照片。前功尽弃,只得赶快回家通知全家立刻到附近的照相馆去拍快照。

第二天早上,林语堂再去排队,而廖女士先到中国领事馆去盖印,大女儿林如斯去取照片。等林如斯把照片送到美国领事馆时,林语堂前面只剩下两个人了。两分钟后,廖女士也来了,全家配合默契,一点儿也不误事。林语堂高高兴兴地进去办完了去美国的签证手续。

签好护照,订好船舱,万事俱备,只欠东风。林语堂扳着指头算日子,只等10月5日一到,就可以远离战雾弥漫的巴黎……

同幢楼房里的一个女仆的丈夫被征入伍。早上,林语堂听见了战士告别妻子和孩子时的凄惨的哭声。

在风云激变的那几天里,林语堂每天都要收听柏林的广播。这天晚上,客厅的收音机里播出了希特勒的广播演说。在

幽默与爱情：林语堂与廖翠凤

追随者狂热的欢呼声中，独裁者以响亮的声浪嘶喊出野心勃勃的战争狂言，法西斯的魔影在欧洲上空晃动。

10点半，广播结束时，林语堂再也克制不住自己的感情，他愤怒地喊道："世界是没有上帝的！假使是有，应当使希特勒在演说中间停止其心脏的跳跃，以挽救世界和平。"

突然，传来了慕尼黑会议的消息，巴黎人都感到和平还有一线希望。那是9月29日，在德国慕尼黑召开了德、意、英、法四国首脑会议，参加者为希特勒、墨索里尼、张伯伦和达拉第。当天深夜，他们签订了所谓《慕尼黑协定》。捷克斯洛伐克的苏台德区被"转让"给德国了。捷克斯洛伐克的代表被排斥在慕尼黑会议之外，当四大国首脑签字后，他们才被召见听取这个协定。

9月30日，报纸登出了慕尼黑签约的消息，希特勒、墨索里尼、张伯伦、达拉第四巨头签约的大幅照片刊登在欧洲各报的头版头条，出卖捷克斯洛伐克的张伯伦和达拉第成了缔造和平的"英雄"。

一场虚惊过去了，林语堂在重新执笔撰写《京华烟云》之前，计算了一下，整整浪费了五天的时间，这五天原来可以写不少文章的。"和平"使林语堂的幽默感又悄悄地跳了出来。他开玩笑地说，预备写一张个人损失的清单：损失五天的工作时间，按每天100元计算，共计500元，要希特勒赔偿这笔经济损失。

慕尼黑事件前后的战争恐怖气氛，使林语堂体验到日寇侵略者铁蹄下的祖国人民的苦难。林语堂在《生活的艺术》里曾开过以幽默来防止战争维护和平的药方,可是,现实生活中,侵略者(德国、日本、意大利)的战争机器无情地碾碎了幽默大师的幽默梦。其实,所谓"幽默救世界,幽默救中国",不过是林语堂故意插入的俏皮话,无非是夸张一下幽默的作用而已。

国内文坛上,对于林语堂的英文著作在国外畅销后的经济收益,曾有过不少传闻和猜测。一位妇女读物的作者在访问林语堂夫妇时,直截了当地问道:

"听说林先生新近在美国出版的《吾国吾民》一书,获得了3万美元的稿费,可有这回事?"

"全是人家造谣,哪有这回事!书是去年秋天出版的,销数确是可观,而且列入 Best-Seller 十大名著之一;照例每年抽版税两次,可至今尚未结算过。"

林夫人插言道:"外间常说林先生发了财,真笑话,不过中国人的著作,能列入十大名著,在美国畅销,可以说是破天荒,这是事实。"

是否"发财",这是相对而言的。与美国华尔街的百万富翁相比,林语堂的这点稿费当然算不上什么"财",但与国内爬格子的穷作家相比,林语堂的收入是可观的。所以,林夫人也不必谦虚。

1938年,《生活的艺术》出版后,林语堂的收入倍增,全年收入3.6万美元,开支1.2万美元,包括捐款救济国内难民及给亲戚的补贴——廖家破产后,一家20口全靠廖悦发的一点儿储蓄维持生活,坐吃山空。廖翠凤的大哥因吸毒而死。林语堂的大姐夫也去世了,留下大姐瑞珠和八个孩子。林语堂的大哥去世后,也留下一群子女。二哥玉霖失业,有七个孩子。三哥憾庐所编的《宇宙风》,因战争而影响了出版发行,三嫂及多病的孩子们滞留漳州——林语堂经常在经济上接济这些亲属。

1938年结余的美元,按说完全可以存入美国银行。可是,林语堂对中国货币有信心,用1.6万美元买了10万银元。稍后又以2.3万美元兑换了13万银元,分存7年、10年、14年的长期存款。因为,这时他大女儿15岁,二女儿12岁,三女儿8岁,这三笔定期储蓄都算准年限,在她们22岁那年到期,每人可得本息10万银元。

有人说,林语堂会算账。当年因编写英文教科书而与开明书店谈判版税时,有人说"此人门槛精,太斤斤计较"。又有人说他在赴美前,把家具拍卖给亲友,也要亲兄弟明算账。上述追忆,即使是事实,也仅是林语堂金钱观的一方面。

然而,林语堂不是守财奴,该花的钱,他不吝惜,对亲属也很厚道,林、廖两家的亲戚大多曾受惠于他的接济。全面抗战爆发后,他不仅为国内难民捐款,而且还在国外捐赠4320法郎,承担了抚养六个中国孤儿的义务。那是在1938年旅法期间,林语堂为救济在战争中失去亲人的中国孤儿,来到了一个法国的事务所。那里有50张中国孤儿的照片,林语堂夫妇可以根据照片进行挑选。一年花 720 法郎就可以抚养一个中国孤儿。

廖女士没有生过男孩，所以她主张选五个男的；而林语堂则认为男女都一样，只要脸相端正。

"啊，一个好脸相！"林语堂不时地赞赏着手里的照片。廖女士接过来一瞧，凡是林语堂赞赏的好脸相，全部都是女孩子，廖女士立即否决。

根据照片，林语堂夫妇初选出八个孤儿，全部是男的。林语堂说，全选男孩，不公平。所以挑了一个长相很伶俐，又有点害羞的女孩，另一个长得很美的女孩也入选了。而筛掉了四个男孩子，最后就剩下了四男二女。除了那两个女孩外，一个是壮健的男孩，一个是大耳朵的男孩，再有一个是三角眼的男孩，还有一个是十岁的男孩。林语堂夫妇十分满意，决定捐款抚养。

4320 法郎，对于以卖文为生的林语堂来说，不是一个小数目，但在人道主义的天平面前，林语堂是懂得如何投放砝码的，他没有吝惜自己有限的金钱。捐款以后，他对家里人说："金钱藏在我们自己的口袋里，而不去帮助别人，那钱又有什么用处呢？金钱必须要用得有价值，又能帮助人。"这豪言壮语式的"家训"，显示了林语堂金钱观的另一面。

1939 年，欧洲像一只即将爆炸的火药桶。各国人民都在谈论战争，结论是一致的：开战只是时间问题。林语堂不愿在火药桶里提心吊胆地过日子，在希特勒入侵波兰之前，他就带

幽默与爱情：林语堂与廖翠凤

全家回到了纽约，住在曼哈顿东边八十六街的一所公寓里。

1939年，林语堂荣幸地应邀参加了国际笔会第17届大会。

1939年5月9日，第17届国际笔会大会在纽约举行。美国历史学家卢龙担任大会主席，在会上发表演讲的作家有诺贝尔文学奖获得者德国的托马斯·曼，法国著名作家莫洛亚和中国的林语堂。

林语堂演讲的题目是《希特勒与魏忠贤》。太监魏忠贤，在中国历史上是邪恶与奸佞的化身。这个遗臭万年的恶棍是林语堂最痛恨的人。现在，林语堂把法西斯狂人希特勒比作无耻的魏忠贤。他在演讲中说：

> 当今有德国人以希特勒喻耶稣，就像中国有一位儒者倡议擅政独裁的魏忠贤与孔子应当有同样的地位。唯有这么歌功颂德，才能保住差使，而反对他的官吏给残杀了。但是魏忠贤虽是声势显赫，却免不了人民的暗诽，其情形与今日之德国如出一辙。魏忠贤后来迫得只好自杀。

林语堂激动地强调："自杀乃是独裁暴君的唯一出路。"

五年后，林语堂的预言应验了，穷途末路的希特勒不得不以自杀结束了其罪恶的一生。

林语堂向参加国际笔会的各国作家惊呼：人类文化即将毁灭。他号召各国作家应当担负起对世界的也即是对自己的职责,面对思想、艺术、文学遭受摧残之际,作家的重要使命是保卫自己的思想信仰的自由,也就是保持个性,以维护人类的自由。

他在演说中声援了以托马斯·曼为代表的富有正义感的德国作家,同时谴责了极少数为独裁者希特勒张目的败类。他着重指出:法西斯政府蔑视人类自由、剥夺人民权利的恶行是不可能长久的。

这篇题为《希特勒与魏忠贤》的演说词的中文稿,半年后发表在上海出版的《宇宙风乙刊》第17期(1939年11月16日)。整篇发言,义正词严,同时又幽默机智,体现了林语堂一贯的文风,生动地反映了林语堂的反法西斯立场。

《生活的艺术》《京华烟云》等英文著作的轰动效应,提高了林语堂在欧美文坛上的知名度。当时著名的书评家克利夫顿·费迪曼编辑了《我的信仰》一书,书中收集了在欧美读者中众望所归的19位世界当代文化名人的文章。其中有爱因斯坦、美国名作家韦尔斯、西班牙哲学家及诗人桑塔雅那、英国哲学家罗素、1938年的诺贝尔文学奖获得者赛珍珠、1929年的诺贝尔文学奖获得者托马斯·曼、美国哲学家杜威、美国经济学家魏白等。在19位世界当代文化名人里,中国占了两位,分别是林语堂和胡适。

林语堂对自己跻身于"名人"之列,喜忧参半。喜的是,他向外国人介绍中国文化的宏大设想,已初见成效;忧的是,随着知名度的提高,意外的"干扰"也接踵而至,两者是成正比的。也许，这就是生活辩证法：没有任何满足不带有缺陷，正如没有任何欢乐不伴随着忧愁，没有任何和平不连着纠纷，没有任何爱情不埋下猜疑，没有任何安宁不隐伏恐惧……

摆脱一切杂务，专心写作。这是性喜在大荒中孤游、在寂寞中思考的林语堂决定离沪旅美的原因之一。刚到美国的头一两年，林语堂的确是比较清静的。可是这样的日子并没有持续多久。因为美国人是崇拜成功女神的，电影明星、歌星、名作家周围，都有一批崇拜者。《京华烟云》问世后，林语堂由名人成了忙人，各种演讲邀请纷至沓来，使他应接不暇。每天都会收到一大堆崇拜者的来信，有的表示敬意，有的请教问题，还有多情女子坦露衷情的，光是阅读这些信件就得花费几个小时，如果再一一作复，那么就会占去许多的时间。没有办法，林语堂只好委托女儿拆阅信件，让女儿把关：在大量来信中挑选出一些特别有意思的，或非由他亲自答复不可的信，交给他阅读和处理。回信也由他口授，女儿打字……女儿成了他忠实的小秘书，减轻了他不少的负担。

信件可以由女儿拆阅，来访者却无法拒之门外了。许多慕"幽默大师"之名的朋友、中国留学生，常常会闯到家里，一进门便对林语堂高声叫道：

"林博士，林博士，我有个笑话说给你听听！"

然而，一旦说出内容，有的也并不幽默，有的简直是啼笑皆非。这些络绎不绝的来访者常常搅扰得林语堂无法安心写作。

第七章
举家越洋 面对新航程

有一次，林语堂在北大英文系的老同事张歆海来访。这位张教授，一度曾被赛珍珠看中，想请他写一本关于中国的书，只是由于张歆海生性疏懒，赛珍珠才改变初衷，请林语堂撰稿……这时，张歆海也在美国，眼看昔日的同事，现在名震欧美文坛，心里有种说不出的滋味。交谈中，稍不留神，流露出自己的情绪，他对林语堂说："语堂，我是来看看，你变了没有？"

林语堂觉得自己在海外出名后，没有忘乎所以，想不到老朋友竟如此看他，心里极不痛快，接连好几天都没有恢复情绪。

然而，真正使他为难的，还是来自女性的搅扰。

一天，林语堂带家人去划船。一件意想不到的事发生了：有个30多岁的"林语堂迷"，曾多次向林语堂投书求爱，因为得不到答复，单相思得感情失控了。那天，这个女人见自己心中的偶像林语堂在小河里划船，她就站在岸上，故意当众把衣服脱得精光。然后，一丝不挂地跳入水里，游向林语堂的小船。林语堂赶紧把船划开，而那女的紧跟着小船游泳。想不到女"林迷"竟选择这样奇特的方式来表达她对林语堂的崇拜，使林语堂和家人目瞪口呆，不知如何是好。

又有一天，一位在国内时就与林语堂熟悉的交际花来访。不知是美国的"林语堂热"影响了她，还是她早有此意，只是在上海时没有找到示爱的机会。所以，这次她瞅准了廖女士外出买菜的机会，来到林家，直奔书房，居然一跃而坐在写字台

幽默与爱情：林语堂与廖翠凤

上，向林语堂卖弄风情。幽默大师先是一怔，接着是万分尴尬。最后，他灵机一动，以幽默的方式使交际花碰了一鼻子灰，颓然而去。可见，林语堂在对付性干扰方面，还是有办法的。

林语堂之所以能对各种性干扰应付自如，应归功于他的东西融合的女性观：以佛教和加尔文教为代表，认为性是万恶之源，结果就产生了禁欲主义，这是一种极端。另一端是推崇男子的生殖能力和男子气概的自然主义。林语堂则倾向于把性看作正常的人类感情，一种正常的生理机制，把性和家庭、繁衍后代，以及道德观念联系在一起。

在对妻子的忠诚和尊重、对家庭的责任感方面，林语堂的一生是无可指责的。但这不等于说他内心没有矛盾，更不等于他是目不斜视的理学家。恰恰相反，他非常轻视那种迂腐的旧道德。他对妻子的忠诚，不是出自封建的家庭观念，而是因为他和廖翠凤的关系建立在相互爱慕、相互信赖的基础之上，是高尚的情爱生活。

一次，徐訏对林语堂说："我非常敬佩你与胡适那样对太太的忠诚。"

此话出自徐訏之口是由衷之言。因为徐訏觉得当代文人学士，婚变者比比皆是，徐訏自己就曾多次离婚。徐訏与林语堂的婚恋观截然不同。徐訏深受尼采、叔本华的影响，认为妻子好像沙漠旅行者肩上的一个包袱，晚上露宿时没有它简直不行，但白天走路要带着它上路，却是非常累赘而又讨厌的。在人生沙漠旅行时，晚上露宿要包袱，他便结了婚，一到天明，他便匆匆上路……林语堂深知徐訏的婚恋观，他听了徐訏对他和胡适的评价，不大高兴。他认为徐訏误解了他的家庭生活。

林语堂忠于爱情和家庭，但在异性面前也不是一个自我封闭的男子，在社交生活上，他是开放型的。林语堂的开放型与现代的所谓性解放的含义是不同的，他始终坚守"发乎情，止乎礼"的原则。在上海，他也跟着时代书局的朋友去舞厅，并且很喜欢一个舞女。别人曾凑热闹起哄，撮合他与那舞女，但他却不愿越过雷池一步。

有些红得发紫的女明星，林语堂却并不喜欢。在他的下意识里，他不喜欢徒有美貌而无性灵、韵味的女性。

时代书局总经理章克标曾陪同林语堂出入过当年的"欢场"，从一个特殊的文化角度——不是从玩弄女性的角度——去接触"欢场"妇女，这是他的中西融合的文化观的一个组成部分。林语堂不歧视妓女，他对女儿说："那些女人是因为穷，所以不得已要过这种生活，我们不要看不起她们。"而林夫人则截然相反，她对女儿说："她们是坏女人，是过皮肉生涯的，随便让男人碰她们的身体。"林语堂认为孩子们除了学校之外，应到社会大学堂里去见识见识。

当林语堂把苏东坡等古人作为东方文明的体现者而介绍给西方读者时，他曾从一个奇特的视角阐述了中国古代文人与妓女、姬妾的关系。

幽默与爱情：林语堂与廖翠凤

林语堂回避了妓女问题中不道德的、违反人性的、摧残女性的一面，而从艺术的角度，从爱情补偿的角度去看待封建社会中的妓女问题，这是林氏女性观中最标新立异之处。20世纪30年代的中国，人们已无须从欢场女性中去寻找文艺上的伴侣，林语堂与这类异性的偶尔接触，只是为了体验古代文人雅士们的"生活的艺术"的境界。

第八章 同舟共济 走出困境

幽默与爱情：林语堂与廖翠凤

抗战胜利了，逃离各地的文人们，带着辛酸经历，又回到了这座远东大都会——上海。

邵洵美的时代图书出版公司再次打出《论语》旗号，由林达祖主持复刊后的《论语》的编务工作，一度曾达到5万份的销售数。《西风》等20世纪30年代论语派的杂志也陆续复刊。不少当年《论语》《人世间》的老读者都在怀念林语堂。人们估计，已蜚声西方文坛的林语堂大概要来重整旗鼓了。谁知，昔日论语派的主帅没有卷土重来。

林语堂这一段日子过得并不称心如意。本来嘛，要使整个人生都过得舒适、愉快，这是不可能的，因此人类必须具备一种能应付逆境的本领。所以，人生里有价值的事，并不是人生的美丽，而是人生的酸苦。

第一个打击是经济上的。抗战胜利后，物价飞涨，法币贬值，使林语堂在中国银行的存款变得分文不值。1939年时，林语堂曾以2.3万美元兑换13万银元，分存7年、10年、14年的定期储蓄，他计划让每个女儿在22岁的时候，都可以得到10万银元。可是，抗战胜利后，由于通货膨胀到了令人吃惊的地步：与抗战前相比，上涨了6万倍！因此，林语堂的存

第八章
同舟共济 走出困境

款，连本带息从银行取出来，也等于是一堆废纸。

养女玉华被迫回国，对林语堂也是一个不小的打击。玉华姓金，原由西安的一家孤儿院抚养。1943年，林语堂回国时，在孤儿院观赏了她的歌舞表演和钢琴演奏。12岁的玉华，以她可爱的容貌、优美的舞姿和多才多艺的文化修养吸引了林语堂。他觉得自己的三个女儿已逐渐长大，他希望总有天真烂漫的儿童与他做伴，所以就决定把玉华收为自己的养女，带她去美国。玉华和她的母亲在惊喜中答应了林语堂的提议。但孤儿院的规矩是玉华不能离开孤儿院，林语堂可以认她为女儿，并且为她提供教育费。抗日战争结束后，林语堂费尽心机，总算把玉华带到了美国。14岁的玉华，长得眉清目秀，又弹得一手好钢琴，博得了林语堂的欢心。但是廖女士却不怎么欢迎，因为领养玉华的事，林语堂事先没有与夫人商量就先斩后奏。廖女士觉得家里已经有三个女儿，再要一个做什么？不是她生的，她不要。而金玉华的哥哥这时也反对妹妹去做林家的养女，认为这是使金家丢脸的事。而玉华本身也患有风湿性心脏病，难以医治，恐怕寿命不长。于是玉华只好回国，回到母亲和哥哥身边。玉华成年后结了婚，40岁时去世。

金玉华被迫离开林语堂，对林语堂是一个大打击。林太乙在《林语堂传》中说："他的伤心，没有办法对人讲。在他心灵深处，藏着几个伤痕，他毕生不能忘怀。但是他憨直浑朴的个性并没有因此改变。"

在这段时间里，大女儿林如斯的婚姻问题也把林语堂搅得

| 幽默与爱情：林语堂与廖翠凤

心烦意乱。林如斯是深得父母欢心的长女。1943年，20岁的林如斯回到中国，投身于抗日救亡的时代洪流。先在昆明军医署林可胜医师手下服务。这位林可胜大夫是林语堂的好朋友。1926年，林语堂在北京被列入通缉名单时，曾藏在林可胜家里避难三个星期，林可胜的父亲就是厦门大学校长林文庆博士。1926年林语堂出任厦大文科主任也是林可胜的引荐。所以，当林如斯坚决回国参加抗战工作时，林语堂就放心地把女儿托付给了林可胜医师。

1945年，林如斯在昆明认识了汪凯熙医师，打算与他到美国结婚。林语堂夫妇都很赞成大女儿的这门亲事。当这对恋人来到美国后，林语堂夫妇就忙于张罗女儿的订婚仪式。向亲朋好友们发出订婚宴会的请帖后，林语堂以为这下可以坐下来松一口气了。谁知就在亲友们准备前来参加订婚宴会的前一天，林如斯突然和一个美国青年私奔了。这意外的消息，犹如晴天霹雳，使得林语堂夫妇不知如何是好。

这个美国青年是林如斯去昆明前认识的一个朋友，名叫狄克，父亲是纽约一家广告公司的老板，很有钱。狄克是个浪子，中学时被学校开除，不务正业，靠父亲养活，仪容平常，却颇有口才。林如斯为什么会迷恋狄克，林语堂不明白，可是生米已经煮成熟饭，只得承认现状。

从此，林如斯跟着狄克过着不安定的生活，他们常常迁居。每次回到父母家里，廖翠凤都要烧出六七样菜来款待，把女儿、女婿当作贵宾招待，生怕女儿不肯回家。

第八章
同舟共济　走出困境

女儿喜欢狄克，父母不喜欢也要装出喜欢的样子。廖翠凤总是热情地招呼女儿、女婿："吃，吃呀！"

面对现实，林语堂无可奈何，他不赞成但也不干涉女儿的婚姻，对女儿的选择，他很担心，因为凭他的阅历，觉得狄克靠不住，把爱女的终身大事交托给这样一个靠不住的美国浪子，林语堂不放心，同时也很伤心。

"憨囡囝，"林语堂对家里人说，"怎么做出这样的事来？我现在比以前更加疼她。我舍不得。"雄心是生活的动力，也是一场灾难的渊源，在20世纪40年代中后期，对林语堂个人和家庭生活影响最大的，还是来自因发明中文打字机而产生的冲击波。

林语堂一生与中文打字机有不解之缘，早在1916年，他就对中文打字机及中文检字问题产生了兴趣。1927年，他在上海买了《机械手册》，进行自学。他把各种型号的外文打字机买来，拆拆弄弄。"有不为斋"是书斋，有时竟像打字机修理工场那样，里面放着许多拆散的外文打字机零件。

发明中文打字机，干吗要去摆弄外文打字机？这是因为现有的中文打字机需要大盘大盘的铅字，十分麻烦，林语堂想设计一台类似外文打字机的新机器。他运用自己的语言学知识，把多个汉字分解成部首等各种符号，然后用一定的符号来合成一个汉字。从1916年起，经过30多年断断续续的研究，林语堂发明了"上下形检字法"，取字之左旁最高笔形及右旁最低笔形为原则。放弃笔顺，只看几何学的高低。根据这个"上下

幽默与爱情：林语堂与廖翠凤

形检字法",他发明了一种键盘,用窗格显示有同首末笔的办法。在电脑问世之前,这可以说是了不起的发明创造。

林语堂说:"一点痴性,人人都有,或痴于一个女人,或痴于太空学,或痴于钓鱼。痴表示对一件事的专一,痴使人废寝忘食。人必有痴,而后有成。"林语堂自己则痴于打字机,20世纪40年代中期,林语堂已在国外出版了七八本畅销书,到1946年已累积了十几万美元的财产,他认为在经济上已具备了研制中文打字机的财力。所以他没有求助于什么基金会的资助——以他当年在美国的声望,如果提出一项有关中文打字机的发明计划,是会得到某些基金会的资助的。但是,"痴"于打字机的林语堂,竟然没有认真地估计成本,也没有设想一下可能遇到的各种问题,就像着了魔似的,每天清晨五六点钟起床,坐在书房的皮椅子上,抽烟斗,画图,排字,把键盘改了又改。他决心发明一部操作简单、人人可用的中文打字机。

林语堂的发明构思是新颖而独特的,但难度极大。样机的零件都需要人工制造,在高度机械化的美国工业社会,手工制造的费用特别昂贵。但已经开了头,并已投入大量的精力和财力,就不得不硬着头皮继续投资,否则就会半途而废。付出的时间和人力也是无法计算的,他亲自到唐人街请人排字铸模。在纽约郊外找到一家极小的机器工厂制造零件,并请一位意大利籍的工程师协助解决机械方面的问题。越接近成功,碰到的难题越多,经济支出也越大。这台打字机像一个永远填不满的无底洞,一声不响地吞噬了林语堂十几万美元。

第八章
同舟共济　走出困境

林语堂不得不向华尔希——赛珍珠的丈夫借钱。从《吾国吾民》开始，林语堂的畅销书几乎都是交给赛珍珠夫妇经营的约翰·黛公司出版的。这家出版社靠林语堂的书发了不少财，况且从私交上说，赛珍珠夫妇又是林语堂的朋友。所以，林语堂以为请华尔希预支给他几万美元，应该是不成问题的。然而这位多年的老朋友竟然不顾林语堂为约翰·黛公司所立下的汗马功劳，拒绝预支稿酬，幸亏古董商卢芹斋先生借给他一大笔钱，他又向银行贷款，中文打字机的原型才艰难问世。

这台打字机高 9 英寸、宽 14 英寸、深 18 英寸，备字 7000，罕用字可拼印左右旁而成，拼印字可造 9 万。每字只打三键，字模是铸在六根有六面的辊轴上。打字机即将完成时，1946 年 4 月 17 日，林语堂通过律师向美国专利局申请专利。专利书 8 万多字，附有 39 幅蓝图。历时六年半，到 1952 年 10 月 14 日，这项专利申请才获得批准。

提出专利申请后，林语堂就多方接洽，宣传和推销他的发明，希望能有一家实力雄厚的打字机制造公司生产他所发明的中文打字机。

1947 年 5 月 22 日，是林语堂全家难忘的一天，一个凝聚着林语堂全部心血的宠儿在这一天诞生了。这个宠儿就是中文打字机。上午 11 时，林语堂夫妇和二女儿林太乙从工厂把打字机取回家里。

林语堂深情地抚摸着这个宝贝疙瘩，这个可爱的小宝贝花费了林语堂的 12 万美元和多年的心血……

幽默与爱情：林语堂与廖翠凤

林语堂让二女儿试机，他随便捡起一张报纸，要林太乙照打，不管打得快慢，能打出字来，就是成功。林太乙就像打英文打字机时所谓 hunt and peck（寻到键钮就打），字打出来了！发明成功了！

世界上 1/3 的人使用的文字是汉字或与汉字有关系的日文、韩文。由于方块字的特殊性，使现有的中文打字机显得非常复杂和不方便。比如，流行数十年之久的商务印书馆的中文打字机，有个容纳常用字的字盘，而别的字则按照使用次数的多寡放在另外的几个字盘里，需要用时再由打字员找出来放进常用字盘，使用这样的打字机，打字员必须经过几个月的专门训练，其速度与手工书写差不多快慢。而林语堂发明的打字机，以 64 键取代了庞大的字盘，每个字只按三键，每分钟可打 50 个字，不需要经过长期的复杂训练，任何人都可以在获得指导后进行操作。这台打字机的诞生，在汉字世界里，是一项革命性的创举。林语堂对它抱有很高的期望。

雷明顿打字机公司对林语堂的发明有一定的兴趣，消息传来，全家欢呼。林语堂把打字机小心翼翼地装在一个木箱里，木箱外面再包着油布，不顾外面正下着倾盆大雨，唤了出租汽车赶到雷明顿打字机公司在曼哈顿的办事处，因为雷明顿公司正在等着看这台打字机的示范表演呢。

十几位高级职员坐在长方形的会客厅里。打字机放在客厅一端的小桌上，二女儿林太乙坐在打字机面前，林语堂简单地介绍了这项发明的重要意义，阐明了打字机的操作原理。然

第八章 同舟共济 走出困境

后，指示林太乙做示范操作。

整个客厅呈现出一派肃静的气氛，那些好奇的美国人以审视的目光注意着林太乙的一举一动。"咔嚓"一声，林太乙按了键，可是打字机竟毫无反应；再按一键，还是没有反应；又按键，仍然没有反应。打字机公司的专家们已经发现问题，有的人开始窃窃私语。林语堂感到情况不妙，心想：也许是女儿太紧张了，操作失常。他赶紧走到打字机旁，亲自试打。会客厅里静悄悄的，只有林语堂按键钮的声音……头一天晚上在家里试打的时候，还是打得很顺利的，偏偏在这最最关键的节骨眼儿上出了问题，林语堂的心像掉进了冰窟窿。

经过几分钟的摆弄，打字机仍旧不动，林语堂只得尴尬地向大家道歉。然后一声不吭地把这台使他当众出丑的打字机装入木箱，包在湿漉漉的油布里，狼狈地离开了雷明顿公司的办事处。

林语堂以巨大的心理承受力应付着眼下的突然变故。回家的路上，他一言不发，大雨打在计程车的车窗上，林语堂的心被不安搅动着……第二天召开记者招待会的通知已经发出，原先是想把今天在雷明顿公司示范表演新式中文打字机的消息及时通报新闻媒介，以便造成轰动效应。可是现在第一次公开试机失败了，明天难道是把这出师不利的消息告诉新闻界吗？……取消原来的议程，也总得向人家解释清楚原因。否则，好奇的记者们拔树寻根，一旦了解到刚才在雷明顿公司出丑的真相，大做文章，岂不就更败坏了中文打字机的声誉……这真叫林语堂骑虎难下。

回到家里,林语堂也有了主意:当务之急是设法排除打字机的故障!他二话不说,先给那位意大利工程师打电话。工程师应声而来,只用一把螺丝刀,不到几分钟就把打字机修理好了——原来是一点微不足道的小毛病。林语堂松了一口气,但给雷明顿公司所留下的印象已经无法挽回了,现在所能做的是,把以后的事情做好,尽力恢复中文打字机的形象。

次日,记者招待会顺利召开,他把自己的发明取名为"明快打字机",他骄傲地指着心爱的"明快打字机"对记者说:"这是我送给中国人的礼物!"

各大报以显著版面刊登了林语堂发明中文打字机的消息。林语堂把自己在纽约曼哈顿区东边八十一街十二楼的私宅向公众一连开放三天,欢迎各界人士来参观和试验他的新发明。

中国驻联合国军事代表团团长何应钦将军参观了中文打字机之后致函林语堂说:"明快打字机是第一部无须记得字位或字码,甚至无须看键盘即可打字的打字机。这特色仅仅是该打字机许多明显的特色之一,但只凭这个键盘,明快打字机已经比其他所有中文打字机高明。本人诚挚向所有用汉字书写的人推荐。"

著名的语言学家赵元任写信对林语堂说:"语堂兄,日前在府上得用你的打字机打字,我非常兴奋。只要打两键便看见同类上下形的八个字在窗格出现,再选打所要打的字,这是个了不起的发明。还有个好处是这键盘不用学便可打。我认为这就是我们所需要的打字机了。"

正在美国访问的南京政府的外交部长王世杰目睹了明快打字机的表演后,说:"我对这部打字机的简易打法非常惊奇。这不但是中文打字机的改良,而且是极有价值的发明。"

诸如此类的赞扬之词,不胜枚举。

唐人街的华侨、旅美的华人和中国留学生们,纷纷奔走相告,拥向八十一街十二楼里的林宅,把正在操作明快打字机的林太乙团团围住,口喊着:"林小姐!林小姐!"争先恐后地把要求打的字写在纸片上递给林太乙……

正当鲜花、贺电、贺信和参观、祝贺人群像潮水般地涌向林宅时,林语堂也接到了一封意想不到的挂号信,说"明快打字机"不是林语堂发明的,这封信的作者就是那个意大利籍的工程师,他从新闻媒介那里了解到"明快打字机"的轰动效应,以为有利可图,就来与林语堂争夺发明权了。他说自己是打字机的发明者,他要与林语堂打官司。这个意大利籍的工程师连一个中文字都不认识,却要窃取中文打字机的发明成果,林语堂感到骇然,只得找律师来应付他。

其实,明快打字机并不像工程师想象的那样可以赚大钱,因为样机虽已研制成功,但要获利,必须得把发明成果投入商品生产领域。林语堂联系过许多公司,但由于中国又燃起了内战的烽火,使精明的商人们不得不考虑今后的商品市场问题,他们不愿对一项销售市场不稳定的商品大量投产,所以,竟然没有一个资本家愿意接受这项新发明。负债累累的林语堂感到

幽默与爱情：林语堂与廖翠凤

很失望，廖翠凤则常常伤心得哭起来。结婚20多年，廖女士总是与丈夫同甘共苦，在打字机制造过程中，她眼看多年的外汇储蓄逐渐减少，以致借债，焦虑万分，但她还把希望寄托在发明成功后所得到的补偿上。现在，样机试制成功了，可是却无人肯投产，许多打算都落空了，廖翠凤知道他们已因打字机而倾家荡产，怎能不伤心呢。但是林语堂没有后悔，因为发明中文打字的过程中所遇到的困难，是奋斗者在前进中的挫折。智慧对于人的作用，就是要竭尽全力地达到他所企望的目标，不能走一公里，那么，就走一百步也好，这样总离目标更近些。所以对于中文打字机，林语堂有智者的反思，而没有反悔叹气。

不走运的发明家默默地吞噬着破产的苦果，林语堂不得不为当初的莽撞而付出代价。

一天，林语堂和林太乙坐在一辆计程汽车里，林语堂一面摆弄着一个纸型键盘，一面得意地对女儿说："我这个打字机的发明，主要在利用上下形检字法的键盘，其他机械上的问题是不难解决的。"

"那么，你假使只把汉字照上下形检字法分类，弄个纸型键盘，像你手里拿的一样，不就可以向人推销吗？"太乙战战兢兢地问，"当时有没有制造模型的必要？"

林语堂朝女儿看了一眼，太乙的话，触到了他的痛处，他轻声地说："也许不造模型也可以推销。但是我忍不住，我一定要造一部打字机，使我可以真正地打字。我当然没想到要花那么多钱。"

"明快打字机"试验成功的消息像一个巨大的冲击波越过宽阔的太平洋,波及遥远的中国大陆。上海滩的许多报纸都刊登了中文打字机发明成功的新闻,而一些好事者则又编织出不少神话式的"传闻",到处流传着林语堂又发大财的消息,还是胡适出来说了"公道话",叫那些人不要胡说八道,林语堂已经为打字机弄得倾家荡产……

1947年夏,为了还债,林语堂接受了联合国教科文组织的高薪职位,到巴黎任职。

其实,不喜欢做官的林语堂,从1927年起,还是断断续续地做过几任官的,与当蔡元培的秘书、担任中央研究院国际出版品交换处处长的闲职相比,联合国教科文组织的美术与文学组主任一职是相当辛苦的,每天要准时上下班,工作时讲究效率,开会讨论问题,通过议案,写备忘录,应付人事问题……每天下班回来,林语堂都精疲力尽,躺在沙发上,动也不想动。

"明快打字机"折腾得林语堂心力交瘁,而教科文组织紧张的"官场"工作,更使他在个性上难以适应,林语堂开始脱发,人也显得苍老和消瘦了。他终于提出辞职,并从巴黎搬到地中海边风景优美的坎城,再度以写作为生。

林语堂一家在坎城住在朋友卢芹斋的海边别墅"养心阁"里。"养心阁"位于山坡上,面向地中海。卢芹斋的法国夫人为他生了四个女儿,所以,设计"养心阁"时,不仅有卢芹斋夫妇的房间，还有四个女儿和女婿及外孙们的住所。但是卢氏成年累月地为事业忙碌，常在巴黎或纽约处理各种业务，女儿们又各有自己的小天地，所以"养心阁"常年闲置在那里，平时由一对园丁夫妇来照料。

林语堂在卢氏的别墅里领略了法国南部的美丽风光，一向以"山地的孩子"自许的林语堂，这时，从地中海宜人的景色中又复归自然了。

林语堂口含烟斗，在花园的棕榈树下，欣赏着异国的海光山色，他的心飞回了坂仔的青山和西溪的沙滩。他自信，他的智慧和道德信仰来自故乡山水所给予的灵气。此刻，他把往日对坂仔山水的迷恋移情于这地中海边的自然景色。他要借助大自然的力量使自己从破产的打击中尽快地复苏过来……

傍晚，他在岸边观赏满载而归的渔船，分享着渔人的忧乐，或者坐在露天咖啡室里喝一杯浓咖啡。这里的生活费用比纽约便宜得多，有新鲜的鱼虾、蔬菜、水果。对于经济拮据的林语堂来说，在这里租个公寓，倒是个理想的写作环境。

发明打字机时所欠下的债务，给廖翠凤造成了巨大的心理负担，她整天唠叨着"没有钱了""欠人家钱怎么办"等。而林语堂并没有从此一蹶不振，他对前途仍充满信心。当廖翠凤唠叨时，他抓住她的手，说："凤，我们从头来过。你别担心，我这支邋遢讲的笔还可以赚两个钱。"

地中海的山水使他文思泉涌，长篇小说《唐人街》就是在坎城开笔的。

第八章
同舟共济　走出困境

早在"七七"事变以后,林语堂就开始构思《唐人街》的某些情节了。那时,旅美华侨的抗日救国热情深深地打动了林语堂,他想写一部反映海外华侨爱国主义精神的小说。

"五四"以来,虽然也有人描写过中国留学生或华侨旅居海外的生活,如郁达夫的《沉沦》、老舍的《二马》和许杰的一些小说。但以美国唐人街的华侨劳动者为题材的作品却并不多见。而20世纪三四十年代,在海外的华侨,大多是含辛茹苦的体力劳动者。林语堂旅美期间,美国约有七八十万华侨,其中大多数在洗衣、制衣、饭店等行业工作。纽约、华盛顿、旧金山、檀香山、洛杉矶、波士顿、芝加哥等城市都有唐人街。

林语堂的《唐人街》反映了纽约华侨劳动者的生活。主人公汤姆是一个华侨子弟,13岁随同母亲、妹妹背井离乡,从广东新会来到纽约。汤姆的父亲是一位旅美30年的老华侨,以劳动血汗维持生活,在唐人街开了一家小小的手工洗衣店。汤姆到美国后,在学校是一位勤奋好学的学生,回到家里,又是洗衣店里的强劳力,过着半工半读的生活。

小说描写汤姆在美国经受了种种生活的磨炼,他自觉地保持作为一个中国人的尊严,从容应付美国学生的种族歧视。父亲病逝后,洗衣店在母亲的主持下逐渐兴旺,又扩大经营范围,开了一家饭店。1937年"七七"事变后,全面抗战爆发,强烈的民族意识像熊熊的烈火点燃了华侨们的爱国心,唐人街像一锅煮沸的开水,沸腾起来了。洗衣工人、餐馆老板都把自己的辛苦钱捐献出来，支援受难的故国同胞。

汤姆积极参加唐人街华侨的各种民族救亡活动，并结识了中国女学生艾丝。小说描写了这对青年男女的爱情波折和矛盾心理，但有情人终成眷属，小说在庆贺汤姆母亲六十大寿的欢乐气氛中以大团圆而告终。

《唐人街》中的华侨劳动者艰苦创业的经历，在海外华人社会中具有相当的代表性。由于林语堂在旅居纽约期间，经常去唐人街，与华侨有实际的接触。"七七"事变后，他耳闻目睹华侨的爱国热情，曾多次撰文报道华侨心向故国的感人事迹。林语堂根据自己的切身体验，在小说中真实地反映了华侨勤劳勇敢、刻苦耐劳的民族传统，同时也真实地反映了海外游子的赤子之心。

"两脚踏东西文化"的林语堂，在《唐人街》里也形象地描绘了西方文化的现代观念与中国文化的传统观念之间的差异，以汤姆为代表的年青一代的华侨，在西方文化的熏陶下接受了现代观念，比如，汤姆和他的同辈认为，在经济尚未独立的求学期间，自己无力抚养妻子，就不应该结婚成家。在上一代的老华侨看来，这种现代观念简直是荒谬绝伦。小说中，以汤姆母亲为代表的老一代华侨仍以中国传统的文化观念来支配自己的生活，拒绝接受美国的生活方式。汤姆的母亲曾说，美国的"所有的事情都不对，儿女长大了不肯和年迈的双亲住在一起。孩子不奉养他们的父母，而父母也不要孩子的奉养。这就是为什么我们常常可以看到老年人在担任电梯服务员和洗衣

第八章 同舟共济 走出困境

妇了"。她认为"那全是傻事，而且是有罪的"。

林语堂在小说中客观地反映了现实生活中两代海外华人之间的代沟，但小说并没有把两代人在观念上的差异描写成水火不容的矛盾。林语堂让两者调和起来，把读者的思路导向他所设计的中西文化互补的逻辑轨道上。在这一点上，《唐人街》是成功的。

《唐人街》中寄托了林语堂对理想的婚恋观的向往。熟悉林语堂的人都知道，青年时代，他曾因为不能与心爱的姑娘陈锦端结合，经受了巨大的打击。那无法逾越的门第观念的鸿沟，是失恋的主要原因。对此，他一直耿耿于怀。陈锦端成了他毕生不能忘怀的一个隐痛，他把自己对陈锦端的纯情珍藏在心灵的神殿之中，他常常会悄悄地去抚摸这块心灵深处的伤痕。有时，他以作画自娱，画的女人总是留着长发，用一个宽长的夹子夹在背后。有一次，二女儿林太乙忍不住问道："为什么老是画这样的发型？"林语堂并不隐瞒自己的真情，他回答说："锦端的头发是这样梳的。"——在林语堂的小说创作中，总是喜欢歌颂敢于冲破门第樊篱的青年男女。比如《风声鹤唳》《朱门》等小说中的主人公，都是这一类人物。可见，那次失恋在他的人生中留下了多么深刻的烙印，直接影响到他文学创作的取材和构思。林语堂在现实世界中失落的东西，在他的艺术世界里得到了补偿。

《唐人街》中的汤姆和艾丝也是一对并不门当户对的恋人。艾丝出身于福建的书香门第，而汤姆则是手工劳动者的儿

幽默与爱情：林语堂与廖翠凤

子。可是，林语堂却让这对门户悬殊的青年男女，经过一番周折之后，完满地结合了。

《唐人街》，1948年由美国纽约约翰·黛公司出版。可惜，由于艺术技巧上的缺陷，无法成为林语堂小说行列中的上乘之作。

在坎城住了一段日子以后，林语堂夫妇又曾去瑞士小住过一段时间，但因为瑞士要缴纳的所得税奇高，他们不得不又搬回坎城。这时，二女儿林太乙已经结婚，三女儿林相如在纽约市哥伦比亚大学巴纳德书院就读。林语堂夫妇挂念女儿，于是又搬回纽约。但原来的公寓和家具都已出让，现在只好租一套公寓，一切从头开始。

1950年林语堂和廖翠凤在法国

第八章
同舟共济　走出困境

困厄无疑是个很好的老师，它使人认识生活，然而这个老师索取的学费很高，学生从它那里所得到的时常还抵不上所缴的学费。

从20世纪40年代中期发明打字机受挫，经济濒于破产起，有将近10年的时间，厄运像一个讨厌的常客那样，把林语堂和廖翠凤折磨得心力交瘁，特别是在南洋大学事件中的遭遇，[1]一度像噩梦似的萦绕着林语堂，使他感到气馁。但幽默的人生态度使他的心理很快就恢复了平衡，他在超然一笑之中获得了解脱。

可是，廖翠凤却无法像林语堂那样超然、那样轻松，女人

---

[1] 1954年5月3日，林语堂正式受聘，出任南洋大学校长。1954年10月2日，林语堂夫妇、林太乙夫妇和三女儿林相如等人乘机到达新加坡，林语堂亲自选拔的一个由学者专家组成的工作班子，也在此前后到达南洋大学。怀着理想主义宏图的林语堂到新加坡不久便一头撞到现实的墙壁上了，种种麻烦接踵而至。从生活到工作，似乎样样都不顺心。饭菜不对口味，不到一星期就换了好几个厨师，这倒还在其次，最主要的问题是建校的条件与他在美国时所设想的差距甚远。南大校董们对林语堂越来越冷淡，新闻媒介也不断传播各种舆论，林语堂又收到匿名信，威吓他辞职，否则要他的命。在这种情况下，书生气十足的林语堂又推出一个建造"第一流大学"的预算方案，南洋大学执行委员会认为预算案开支过于庞大，无法通过。为此，双方经过几个月的讨论和争执，仍未有结果。林语堂在报上公开发表声明坚持自己的立场，终因与执委会关系破裂而辞职。1955年4月17日，林语堂一家登机飞离新加坡。对南洋大学事件有兴趣的读者可参见《近幽者默：林语堂传》第405页内容。

| 幽默与爱情：林语堂与廖翠凤

脆弱的心受到了极大的损害。为了抚平妻子在新加坡所受到的惊吓，林语堂带着神经衰弱的廖翠凤，在法国南部风景优美的坎城租了一所普通的公寓，开始了疗养生活。

其实，在南洋大学的事件中，受打击最大的是林语堂。他向来是一帆风顺的幸运儿，除了那台不走运的"明快打字机"之外。新加坡的遭遇大概也算得上是这位幸运儿一生中少有的重大挫折之一。但是，作为一家之主的林语堂，这时已顾不得自己，因为，这时他的妻子和长女，比他更需要得到安慰——长女林如斯刚离婚，悲恸欲绝——医治妻女们的心灵创伤，自然是一个丈夫和父亲义不容辞的家庭责任。

在《生活的艺术》里成功地扮演过人生导师角色的林语堂，既然可以向全人类宣讲生活的艺术，现在自然要把《生活的艺术》中的道理实践在女儿身上，引导她走出误区，恢复对生活的信念。林语堂对女儿说，你还年轻，不应该把离婚看成天大的悲剧。这个世界假使样样照逻辑发展，生活就没有趣味。人的心思不可理喻，有矛盾，所以可爱。人如果没有弱点，没有不可抗拒的情感，没有不可逆料的意欲，便没有文学。人容易犯错误，所以生命千态万状。如果我们都是理性的，则我们会沦为机械人。林语堂还劝林如斯找一份工作，空闲时看看书，可以试译唐诗。因为林如斯一向喜欢诗，在哥伦比亚大学时跟诗人马克·范多伦学过写诗。

享受大自然的美景，忘却人间的痛苦和烦恼——林语堂把回到大自然当作解脱世俗烦恼的灵丹妙方。他曾说：人性的束缚，人事的骚扰，都是因为没有见过，或者忘记这海阔天空的世界。要明察人类的渺小，须先看宇宙的壮观，所以，此时林语堂想用旅游来医治妻子和长女的心灵创伤。1955年夏天，他带着妻子、长女、幼女一行四人，漫游欧洲。这是一次真正的漫无目的之游，他们像流浪者一样，不仅没有规定旅游的日程，甚至连预定的目的地也没有事先规定，他们不需要任何向导，完全是凭着兴致所致。他们不为参观名胜古迹而赶路，不买明信片作纪念，连照相机也不带！因为林语堂一向对那些因忙于摄影留念而忘却了旅游的本义——欣赏良辰美景——的"俗人"们嗤之以鼻。他曾在论著中讽刺在杭州虎跑泉故作举杯饮茶姿势让人照相的游客。他说，虎跑泉品茶的照片固然好，但影中人为了照相而忘却了茶味。在林语堂的"生活的艺术"看来，到虎跑泉应该是为了名泉名茶，而不是为了摆姿势照相。把时间和精力消耗在拍照、取景、摆姿势上，必然无暇去欣赏大自然。这种本末倒置的做法，是一般旅游者的通病。

这是一次林语堂式的漫游，他以自己的"生活的艺术"安排了这次不拘形式的漫游。这是一次表现林氏个性的漫游，他早就向往能按照自己的天性去游览世界，他曾说：

> 如此游历，自有价值，因为如果我要游荡，我便独自游荡。我可以每日行卅里，或随意停止，因为我素来喜欢顺从自己的本能，所谓任意而行；尤喜自行决定什么是

善,什么是美,什么不是。我喜欢自己所发现的好东西,而不愿意人家指出来的。①

林语堂在奥地利凭吊天才音乐家莫扎特之墓。在莫扎特的铜像面前,林语堂流下了激动的眼泪,他说:"莫扎特的音乐是那么细腻缠绵,是含泪而笑的。"

含泪而笑,这正是林语堂经过新加坡的挫折后漫游欧洲时的心态。

这是一次实践"生活的艺术"原理的漫游,林语堂和家人们无拘无束地在欧洲列国漫游了几个星期。然后,又各奔东西了:林如斯和林相如回美国,林如斯按照林语堂的规劝拟在美国找一份工作,自食其力;林相如在哈佛大学研究院攻读生物化学,后来荣获博士学位;二女儿林太乙和丈夫黎明则在伦敦;而林语堂夫妇仍留在法国坎城。

在这座异国的小城里,没有人认识林语堂,他过着与世无争的隐居生活,与新加坡的那种紧张的气氛截然相反,他的神经放松了,身心得到了休息。

林语堂曾说,真正的隐士,不必到深山老林去离群索居,在城市中的隐士才是最伟大的隐士。在坎城,林语堂夫妇过着城中隐士的生活。林语堂在陌生的外国人中间,避免因"名作家"的身份而带来的社交活动,他卸掉了"知名度"给他的压

---

① 林语堂:《林语堂自传》。

力，随便穿着舒适的便服，与夫人手拉手一起上街买菜。而廖翠凤还兴致勃勃地在阳台上种马铃薯。在新加坡时，廖女士每天早晨都害怕看报纸，因为说不定又有骂林语堂的文章不知刊登在哪一张当地的报纸上。而现在，廖女士能与丈夫一道提着菜篮子上菜市场，她能在厨房里做心爱的厦门菜，她心满意足了，神经衰弱也逐渐痊愈了。

第九章 夫唱妇随 落叶归根

幽默与爱情：林语堂与廖翠凤

1960年，法兰克福德国烹饪学会给《中国烹饪秘诀》一书颁发了奖状。这本书的作者是林语堂的夫人廖翠凤及其三女儿林相如。

了解内情的人都说，这张奖状实际上应该发给林语堂。因为，林语堂对美食和食谱有长期研究，耳濡目染，影响到了他的妻女，这本《中国烹饪秘诀》不过是"夫唱妇随"或者说"父唱女随"的结果罢了。

研究饮食文化，这是历代文人的一个传统。在文学史上有不少文学家同时也是美食研究家。比如，屈原在《楚辞·招魂》中记述了蜜渍杂饼、炖牛筋、叉烧羔羊、清炖甲鱼、烩水鸭、卤鸡、酸辣汤等菜肴，生动地反映了当时楚国的饮食风味特色。林语堂所崇拜的苏东坡，对饮食更有研究，曾写过大量与饮食有关的诗文，如《老饕赋》《猪肉颂》《酒经》等。他所创造的煮肉法，经过不断改进，成为现代名菜"东坡肉"。苏东坡还做得一手好鱼羹，在杭州太守任上时，他曾亲自烹鱼羹待客。清代文学家袁枚的《随园食单》更是对我国烹饪技术经验的总结，如"一席佳肴，司厨之功居其六，买办之功居其四"。这确是经验谈。提倡敞开胸怀享受人生的林语堂，则继

第九章
夫唱妇随　落叶归根

承了美食研究的这一古代文人遗风。

林语堂在他的成名作《吾国吾民》中，曾以中华民族悠久的饮食文化而感到自豪。他认为应该认真对待"吃"的问题，公开承认"吃"是人生为数不多的享受之一，应把吃和烹调提高到艺术的境界上。他赞赏中国人领受食物像领受性、女人和生活一样。所以，伟大的戏剧家、诗人李笠翁和伟大的诗人、学者袁枚都把论述烹饪方法的论著当作自己的文化遗产，骄傲地传给了后代。

林语堂常以自己生来便是一个"伊壁鸠鲁派的信徒（享乐主义者）"自许，他毫不掩饰地说："吃好味道的东西最能给我以无上的快乐。"可惜幼年家贫，因此，"那时所谓最好味道的东西只是在馆中所卖的一碗素面而已"。直到与廖翠凤结婚后，他对美食的向往，才逐步变成了现实。

廖女士出身于鼓浪屿富商之家，从小受的是严格的旧式教育，让丈夫吃好，这是天经地义的。正是这样的家教造就了廖翠凤那一手高超的烹饪技术。她制作的美味可口的厦门菜，使林语堂赞赏不已。林语堂为自己的口福而得意到"忘形"的程度，他竟成了"廖翠凤迷"。妻子烧菜的时候，他站在一边观赏，有时会插嘴说："看呀！一定要用左手拿铲子，炒出来的菜才会香。"

厨房是廖翠凤的天地，她可不喜欢丈夫在这里指手画脚。她说："堂呀，不要站在这里啰唆，走开吧！"林语堂乖乖地走开了，而且他还告诉家里人，吃饭做菜之类的事，大家都要

幽默与爱情：林语堂与廖翠凤

听从夫人的安排。

林语堂社交的本钱是文章，而廖女士社交的基地是厨房。她爱热闹，常请客，一请客就大量买菜，像开大伙似的。她烧出大锅大锅的厦门卤面，作料是猪肉、虾仁、香菇、金针、菠菜，是用鸡汤熬的。她的焖鸡尤其拿手，是用姜、蒜头、葱把鸡块爆香，再加香菇、金针、木耳、酱油、酒、糖，用文火焖烂。还有厦门菜饭，也很好吃，是将猪肉丝、虾米、香菇、白菜、菜花、萝卜炒香，再加进饭里焖熟，吃的时候撒胡椒，加黑醋。她的清蒸白菜肥鸭是最有名的，鸭子蒸烂了，吃起来又嫩又滑，连骨头都可以吮，白菜在鸭油里蒸烂，入口即化。有时全家都去唐人街，一起采购各种中国蔬菜、海鲜和活的家禽。清炖鳗鱼、清蒸螃蟹等也是廖女士常做给林语堂吃的厦门名菜。

厦门薄饼是最受大家欢迎的厦门名点了，但要到过年过节、过生日，或招待贵宾时，才有机会品尝到这种佳肴。薄饼又叫春饼，是厦门著名的传统食品，相传明代福建同安人蔡复一，总督云贵湖广军务时，整日批阅公文，无暇吃饭。蔡夫人担心丈夫受饿，累坏了身体，便用面皮包着菜肴，让蔡公右手执笔左手进餐，方便简捷。这种吃法，后来流传开了，便成为薄饼的起源。

林语堂和妻女们都爱吃这种薄饼，三女儿林相如在母亲的教导下，已经掌握了烙薄饼皮这项繁难的工艺。这薄饼皮是用很薄很软的面粉皮做成的。包薄饼的料子有猪肉、豆干、虾

第九章
夫唱妇随　落叶归根

仁、荷兰豆、冬笋、香菇，样样切丝切粒炒过，再放在锅里一起熬。熬的功夫是一项精细的工艺，料子太湿，则包起来薄饼皮会破，太干没有汁，也不好吃，太油也不好，要花费几个小时才能熬得恰到好处。

林语堂一家把吃薄饼视为愉快的节日，边吃边嬉笑，越吃越有趣。嘴巴馋的人会把馅放得过量，包得很臃肿，还没有吃完，皮就破了。用两张皮包一卷的人功夫不够，为大家取笑。谁加汁太多，吃起来，汁会从手指缝里流出来，大家也要笑他。全家包着吃着，比赛谁包得最好，谁包得皮破了，说呀笑呀，胃口倍增！

《中国烹饪秘诀》一书的获奖，大大鼓舞了林语堂一家的美食研究，厨房变成了美食的实验室。其中，三女儿林相如的兴致最浓。那时，林相如已在哈佛大学取得了博士学位，在纽约哥伦比亚大学进行生物化学的科研工作。闲来，在父亲的指点下，照着袁子才食谱，依葫芦画瓢，一一试验，真是做到理论与实践相结合了。

那年，名画家张大千由巴西路过纽约到欧洲，林语堂设家宴招待。碰巧有朋友在这一天送来一个大鲤鱼头。廖翠凤做了红烧鱼头，林相如则以煸烧青椒向四川人张大千献技。席间开了两瓶台湾花雕，酒味虽有别于绍兴的正宗花雕，但毕竟是中国的酒啊。故国的酒勾起了两位老友的乡情。他们回忆起1943年冬，林语堂由美国返华，而张大千则从敦煌临摹壁画回来，两人相遇于四川成都，张群为他们接风的情景，座上陪客有沈尹默，大家相谈甚欢。逝者如水，现在又相逢，却已在异国他乡……

不久，张大千由欧洲归来，途经纽约，由张大千做东，请林语堂到四海楼吃晚饭。张大千点的菜有鲟鳇大翅，林语堂生平第一次尝到这种产于南非的鱼翅，是稀物；还有一味"川腰花"是张大千发明的菜；另有一样酒蒸鸭，其味清香可口，有上海"小有天"的风味。

原来，张大千与林语堂一样，也对饮食文化颇有兴趣。在国内时，张大千经常出入名菜馆，品赏名厨的手艺；现在坐在纽约四海楼，心里却情牵上海的"小有天"。他对林语堂说："上海'小有天'进门扶梯上去，迎面就是一副郑孝胥的对联，'道道非常道　天天小有天'，甚雅隽。"

林语堂机智地说："且说话，莫流涎，须知纽约别有天。"

两位文化名人，又兼是美食家，难得相聚在异邦，边吃边谈，雅趣非常。

热衷于饮食文化，无可非议，但若过分挑剔，就容易引起别人的反感。1954年，林语堂出任南洋大学校长时，飞抵新加坡不到一个星期，就调换了好几个厨师。他的理由是：吃不好，人生还有什么意义？弄得接待他的人无所适从。反对他的报纸，刊出了这一消息。这些，后来都成了攻击他"奢侈"的具体材料。

其实，日常生活中，林语堂并不是一个穷奢极侈的饕餮客，因为他居家时，所最爱享用的美食，也不过是烤牛肉而

第九章
夫唱妇随　落叶归根

已。对饮食的挑剔，那是成名和"暴富"以后的事。林语堂在自己的论著中曾以大量篇幅从理论上探讨美食的必要性，而且还从中西美食文化比较研究的角度，发表自己的宏论高见。他说：

中国的烹饪有两点有别于西方：其一，我们吃东西是吃它的组织肌理，它给我们牙齿的松脆或富有弹性的感觉，以及它的色、香、味。李笠翁自称为"蟹奴"，因为蟹集色、香、味三者于一身。所谓"组织肌理"的意思，很少有人领会；但是我们应该知道，竹笋之所以深受人们青睐，是因为嫩竹能给我们牙齿以一种细微的抵抗。品鉴竹笋也许是辨别滋味的最好一例。它不油腻，有一种神出鬼没般难以捉摸的品质。不过，更重要的是，如果竹笋和肉煮在一起，会使肉味更加香浓，猪肉尤其如此，另一方面，它本身也会吸收肉的香味，这是中国烹饪有别于西方的第二点，即味道的调和。整个中国烹饪法，就是仰仗着各种品味的调和艺术。虽然中国人承认许多食物（像鲜鱼）就得靠其本身的原汁烹煮，但总的来讲，他们在将各种品味调和起来这方面，远比西方人做得多。例如，如果你没有吃过白菜煮鸡，鸡味渗进白菜里，白菜味钻进鸡肉中，你不会知道白菜的美味。根据这个味道混合的原则，可以烹调出许多精美可口的混合菜肴来。像芹菜，可以生吃，也可以单炒。然而，如果中国人在西方人的宴会上看

幽默与爱情：林语堂与廖翠凤

到菠菜、胡萝卜之类也被分别烹煮，而且与猪肉或烧鹅放在同一个盘子里，他们未免会嘲笑这些野蛮人。[①]

在英文撰写的《生活的艺术》一书中，林语堂谈论饮食的篇幅就更多了，在"论肚子"一节里，他开门见山地认为："凡是动物便有这么一个叫作肚子的无底洞。这无底洞曾影响了我们整个的文明。"他畅谈美食的必要性，直言"饮食是人生中难得的乐之一"，饮食是人的本性。

他赞美中国人把食品和药物相结合的药疗食物，总结出美食哲学的三要素："新鲜、可口和火候适宜。""中国最贵重的食品，本身都同样具有三种物质，即无色、无臭和无味，如鱼翅、燕窝和银耳都属于这一类。这三种食品都是含胶质的东西，都是无色、无臭、无味。其所以成佳肴，全在用好汤去配合。"林语堂特别欣赏李笠翁的《闲情偶寄》中对饮食的研究。在《生活的艺术》和其他论著中，只要一谈到饮食问题，他必定要调动自己知识库里有关中西饮食文化方面的全部信息，引经据典，旁征博引，引申发挥，十分内行。

1969年，廖翠凤和林相如母女又合著了一本《中国食谱》，在美国出版。林语堂亲自为《中国食谱》撰写序言。林语堂称赞三女儿是一位天生的烹饪专家，对于饮食之道有强大无比的记忆力。他回忆有一次在法国南部某饭店吃了一顿晚

[①] 林语堂：《吾国吾民》。

第九章
夫唱妇随 落叶归根

餐,许多年以后,林相如还能记得那次所吃各道菜所用的材料和它们的味道。林语堂还告诉读者,《中国食谱》上所介绍的菜肴烹法,都由作者先做过几番实验,把所有的用料用量仔细地调整好,又将操作程序仔细推敲,然后再写出来的。差不多有两年时间,林家的厨房成了研究美食的实验室。林语堂在无意中也变成了一个参与者,不过他的工作很轻松愉快——具体地说,就是品尝美味。

1965年7月,林语堂夫妇在纽约提前庆祝他们的70双寿。因为,林语堂生于1895年,按西洋算法,这一年正好是70周岁,而廖翠凤比丈夫小一岁,但按中国算法,也是70岁了,所以叫庆贺"双寿"。

那天,来贺寿的客人坐满了好几桌,都是林氏夫妇的至爱亲朋。在香港任《读者文摘》中文版总编辑的二女儿林太乙,也和丈夫黎明一起,带着孩子从香港飞抵纽约。林语堂全家大团圆,在座的客人也都是生平好友,大家同聚一堂,酒逢知己千杯少。林语堂自己虽然滴酒不沾,却喜欢看别人喝酒,也鼓励别人喝酒,更喜欢听喝酒的人划拳行令。他觉得这样才热闹,才有喝酒的情调。所以他就点名叫人对饮或划拳。而廖翠凤的酒量倒不错,亲戚朋友中也有豪量的,林语堂在一旁调兵遣将,鼓励大家较量较量。一时间,觥筹交错,热闹非凡。

祝寿宴会上的欢乐气氛,使林语堂兴致勃勃,不仅谈锋极健,在席上"无所不谈",而且诗兴大发。有人作了一首《临江仙》的词祝贺他70岁寿诞。他就依原韵填词一首致谢:

| 幽默与爱情：林语堂与廖翠凤

> 三十年来如一梦，鸡鸣而起营营，催人岁月去无声，倦云游子意，万里忆江城。
>
> 自是文章千古事，斩除鄙吝还兴，乱云卷尽縠纹平，当空明月在，吟咏寄余生。

趁兴，林语堂又填词《满江红》自寿，并答谢张群寄赠的贺寿诗。词曰：

> 七十古稀，只算得旧时佳话。须记取，岳军曾说发轫初驾，冷眼数完中外账，细心评定文明价。有什么了不得留人，难分舍。
>
> 从此是，无牵挂，不逾矩，文章泻。是还乡年纪应还乡呀！……

林语堂旅美二三十年，这时却表露了对美国毫不留恋的离别之意——"有什么了不得留人，难分舍。"——游子思归之情跃然纸上。

是还乡年纪应还乡，归来吧——看来，林语堂下决心要回国了。

1966年6月，一个出人意料的消息惊动了中国台湾文化界——旅美30年之久的林语堂夫妇要回台北定居了。

林语堂回台北之日，正值"出国热"方兴未艾时。20世纪60年代，在"出国热""留学热"浪潮的冲击下，不少旅美

第九章
夫唱妇随　落叶归根

华人都想方设法争取绿卡,以达到长期定居美国的目的(中国旅美作家所创作的"留学生文学"中曾对当年的这种风气做过详尽而形象的描写)。所以,林语堂的逆向行动,是在"出国热""定居热"时风下爆出的一个大冷门。

在纽约,有人劝林语堂一家加入美国籍,也有人劝他们买房子扎根安家。但他回答说:"许多人劝我们入美国籍,我说这儿不是落根的地方;因此我们宁愿年年月月付房租,不肯去买下一幢房子。"

回到中国台湾后,林语堂对当时一哄而起的"出国热"颇有感慨,他说:"台湾的青年人难免会羡慕美国的文明……外国有一句谚语:'隔壁的草地特别绿',在饭馆里看到别人点的菜总比自己的好吃,其实也不尽然。"对于那些没有接受过基本教育就匆忙出国的青年人,林语堂不以为然。

林语堂夫妇回台北的消息,在台湾产生了轰动效应,新闻媒介和崇拜者奔走相告,慕名而来的访问者、求教者接连不断。好事者见林语堂放弃了别人求之不得的机会,当然要揣度林氏"反常"举动背后的真正意图,以争名逐利者度之,林语堂来台北是有所求的,大概想做官。但不久,事实证明林语堂根本不想做官——有一次,蒋介石要给他一个"考试院"副院长的职位,两人谈了好久。出来时,林语堂笑眯眯的。友人说:"恭喜你了,你在哪部门高就?"他笑眯眯地回答:"我辞掉了。我还是个自由人。"林语堂觉得,有的文人可以做官,也有的文人不能做官,他就是属于后者。因为他吃不消官场的

幽默与爱情：林语堂与廖翠凤

生活：一怕无休止地开会、应酬、批阅公文；二是不能忍受政治圈子里小政客的那副尊容。

其实，回归故土，是林语堂多年来的夙愿。随着年岁的增长，林语堂的乡思、乡恋之情与日俱增，到了如醉如痴的地步。他一向不满西方社会高度机械文明的种种弊端，认为中国台湾虽然也进入了工业社会，但还保留着民族传统所固有的淳朴的古风。况且台湾与他的老家闽南一衣带水，隔海相望，许多台湾居民的祖籍都是闽南泉州、漳州一带的，在台湾，闽南方言也是一种通用的社交语言。林语堂听到闽南方言，牵动了乡情，如同重返故里，浑身舒服，他喜呼："不亦快哉！"

他极其兴奋地说：

> 我来台湾，不期然而然听见乡音，自是快活。电影戏院，女招待不期然而然说出闽南话。坐既定，隔座观客，又不期然说吾闽土音。既出院，两三位女子，打扮的是西装白衣红裙，在街中走路，又不期然而然，听他们用闽南话互相揶揄，这又是何世修来的福分。[①]

一天上街，林语堂跨进五金店的门，买了一把锤子，一圈铜丝，以及一些可买可不买的钢铁器物。原因很简单，起初倒无意要买什么，可是店主说一口真正的龙溪话。生为龙溪地区

[①] 林语堂：《说乡情》。

第九章
夫唱妇随　落叶归根

平和县人的林语堂,听到真正的故乡的音调,难免生出特殊的温情。林语堂和店主一谈到漳州的硷水桃、鲜牛奶,儿时的欢欣喜乐,不觉涌上心头。后来,他在追忆这件事时,动情地说:"谁无故乡情,怎么可以不买点东西空手走出去?于是我们和和气气做一段小交易,拿了一大捆东西回家。……人不能无常情,为故乡情而买不必用之物,是可以理喻的。"

在台北到处可以听到的乡音,使林语堂觉得就像回到了闽南老家一样。数十年如一日,在乡情面前,林语堂始终像一位痴心的少女那样一往情深。20世纪30年代末,他成名以后,曾激动地说:"如果我有一些健全的观念和简朴的思想,那完全是得之于闽南坂仔之秀美的山陵……"

愈到晚年,林语堂的乡情愈见浓郁,对故居的苦恋,时时折磨着他那颗游子之心。他说:"少居漳州和坂仔之乡,高山峻岭,令人梦寐不忘。凡人幼年所闻歌调,所见景色,所食之味,所嗅花香,类皆沁人心脾,在血脉中循环,每每触景生情,不能自已。"

正是这种"不能自已"的乡恋,促使林语堂不入美国国籍而回台北定居。他在自传体的乡情小说《赖柏英》中借男主人公之口抒发了自己的乡恋:"我们的童年的日子,童年时吃的东西,我们常去捉虾捉小鲛鱼,泡泡水使脚清凉一下的小河——那些简单幼稚的事情,虽然你并不常想,可是那些东西,那些事情,总是存在你心坎的深处的,并没有消失啊。"

归去来兮!游子回到故土,欣喜若狂。《来台后二十四快

幽默与爱情：林语堂与廖翠凤

事》真实地记录了林语堂那浓得化不开的乡情，不灭的童心跃然纸上，已经古稀之年的林博士，竟像小孩儿一样高兴。要想了解这份情感有多么珍贵，要想品尝一下他那乡情乡恋的"浓度"和"甜度"，就不能不读一读这篇原文。——乡情，乡情，金子一样的感情！

> 水竹之居。吾爱吾庐。石磷磷、乱砌阶除。轩窗随意，小巧规模。却也清幽，也潇洒，也宽舒。

这是林语堂回中国台湾前介绍给外国人的八首《乐隐词》之一。这些乐隐词寄托了他急于归隐林下的心愿。

他是为归隐林下而来中国台湾的。所以他仍然按照"吾行吾素"的座右铭来为人、处世和治学。

"顶天立地，独来独往。"这是林语堂送给张大千的一副对联，也是他在中国台湾生活时的自我写照。

林语堂回中国台湾之后，没有进入政治的圈子，也不做官。他醉倒在淳厚的乡情和亲切的乡音之中，同时也专心致志地构筑自己的小天地，重建"有不为斋"。

初到台北时，他以一万元台币的月租在阳明山麓五福里租下了一幢白色的花园住宅，有游泳池。此屋位居山腰，难免潮湿。后来，蒋介石夫妇为礼遇林语堂，表示要为他建筑一幢房屋，林语堂接受了。

这幢新居就在白屋斜对面，一切设计，全出自林语堂的心

第九章
夫唱妇随 落叶归根

裁。这新居就是仰德大道二段 141 号。沿着大道有一堵白色的围墙，中间有一扇红色的大门。林语堂自行设计时撷取了东方情调与西方韵味——进大门后，踱过精致的小花园，穿过雕花的铁门，是一个小院子，周围有螺旋圆柱，顶着回廊。这个庭园面积达千余平方米。楼房建筑面积 330 多平方米。右边是书斋"有不为斋"，左边是卧室，中间是客厅、饭厅，阳台面对绿色的山景。房屋下是斜坡，坡下便是草地，园内可以种菜、种花、养鸡。

乍看是中国传统的四合院建筑，细看之下却发现二楼顶着那一弯长廊的竟是四根西班牙式的螺旋形白色廊柱。这种融合东方和西方韵味的建筑情调，体现了林语堂东西合璧的文化理想。

林语堂故居主楼

幽默与爱情：林语堂与廖翠凤

这座雅致的建筑于1972年落成后，林语堂进入了"世外桃源"的梦境。他在小院子中叼着烟斗，对着那上种荷花下游金鱼的小鱼池沉思着；他坐在阳台上望着远山、林木，心想，如果可以在园里养一只鹤，该有多好。

清晨和黄昏，林语堂总是在院内绿茵茵的草坪上散步，或静静地坐在阶前的藤椅里，观赏着池畔的茑萝和墙边盛开的紫藤花。在这个宽敞的庭院中，鱼池假山，花木扶疏。虽乏淙淙清流之胜，却富苍苍林园之美。站在屋后的阳台上，七星山在望。青山翠谷，还有那浮动在山谷间的白云，似乎随手可掬。向晚以后，凭栏远眺，台北市的万家灯火，踩在脚下，就像是撒满一地璀璨耀眼的宝石，真是天上人间！到了夜深人静时，几回蛙鸣，数声虫叫，更使人几疑回到漳州老家的田野间……

就在这林木苍翠、窗明几净的山寓中，林语堂每天叼着烟斗，啸傲烟霞，临风览月，在烟斗上袅袅升腾着他的灵感。

台湾四面环海，本该是钓鱼的胜地，但林语堂到台北八个月没有去钓过鱼，一是没有时间，二是环境不熟悉，最重要的也许是台湾旅游业没有意识到钓鱼也是一项有利可图的旅游资源，所以没有像纽约长岛的船主那样，为钓鱼者提供种种方便。作为补偿，林语堂在游泳池里养起鱼来。他亲自跑到中牛圻荣民鱼殖场选购了大大小小的鱼，有黑色的，也有红色的。他向客人们解释道："我喜欢在海边钓鱼，这儿有林泉之幽，就不能兼有海滩垂钓之胜。"

第九章
夫唱妇随　落叶归根

养鱼给林语堂带来了新的乐趣。每天，他亲自喂鱼。有一天，忽然发现鱼身上长了白点，立刻坐车下山，为鱼求医，然后，带回一包食盐。他告诉朋友，这游泳池真有用，夏天给人游泳，冬天让鱼跳跃，他不出去钓鱼，也可以坐在池旁喂鱼、观鱼。以持竿观鱼代替垂钩钓鱼，"其乐也融融"。

夫人廖翠凤也很满意山寓的生活。旅美30年，廖女士是家里的主要劳动力，虽说有电气化设备，但操劳家务总是辛苦。更何况林家是美食之家，对"吃"有一定的讲究，这就在无形中增加了主妇在厨房中的工作量。刚出国时，廖女士才到不惑之年，精力充沛，尚能应付。30年过去了，夫人已从壮年渐入老境，对家务常有力不从心之感，但在美国又雇不起用人。到了台北，家里雇有用人，廖女士不必事事躬亲。早上有人挑着刚刚从山上砍下来的竹笋来卖，中午杀一只鸡炖汤吃，那是在美国所难以尝到的美味。进城去，可以吃到各种风味小吃，到圆环去吃蚵仔煎、炒米粉，或是去"一条龙"吃饺子。有时，夫妇俩坐汽车到日月潭玩玩，日月潭近似杭州西湖，差不多可以一览而尽，乌山湖可比扬州的瘦西湖，能尽迂回曲折之妙。

离开美国的摩天大楼的公寓和城市的喧嚣，来到阳明山麓静逸的庭园，30年前《生活的艺术》中的那个遥远的理想，正在这座中西合璧的庭园里变成现实。这仰德大道二段141号，成了林语堂试验他的"生活的艺术"的最后的实验室。

回台湾前，他曾向美国读者介绍过这样两首《乐隐词》：

> 短短横墙。矮矮疏窗。忆憎儿、小小池塘。高低叠嶂,绿水边傍。也有些风,有些月,有些凉。
>
> 懒散无拘。此等何如?倚阑干、临水观鱼。风花雪月,赢得工夫。好炷些香,说些话,读些书。

这种古代田园诗人的理想,现在已被林语堂搬到阳明山麓的庭园之中。他设计着、实践着……但总觉得还缺少点什么?一天,他终于想到原来缺少一只仙鹤。他对客人说:"我想在园中养一只鹤,它摆动那双长脚漫步,会带活周遭的一切。"

第十章 金婚五十年 相濡以沫

幽默与爱情：林语堂与廖翠凤

初萌的爱情看到的仅是生命，持续的爱情看到的是永恒。1969年8月9日，阳明山麓林宅的客厅里，一对喜烛高燃。林语堂夫妇正在欢庆他们结婚50周年的"金玉缘"。

原先，他们想悄悄地迎接这第50个"蜜月"。因为，他们认为"蜜月"是属于两个人的事，所以不必兴师动众地邀请客人来参加。可是，天下没有不透风的墙。马星野夫妇、黄肇珩夫妇等好友都特意赶来庆祝。结果，他们还是被至爱亲朋们包围了。

林语堂与廖翠凤的婚姻是由父母做主的。媒人陈天恩医师是陈锦端的父亲，陈医师知道林语堂已倾心于自己的女儿陈锦端，他非常反对这门婚事，为棒打鸳鸯，就为廖悦发的二小姐廖翠凤做媒。林语堂得知无法与心上人陈锦端结婚后，哭得死去活来。后来，虽然和廖翠凤订婚，但他并不爱她，所以订婚四年后才肯与之完婚。可是林语堂的大姐了解廖翠凤，她预言林、廖联姻美满。大姐的预言已经实现了，他俩在互敬互爱中度过了半个世纪。他们是先结婚后恋爱，爱情由结婚才开始的。

宴席上，廖女士回忆，母亲对她提起这门亲事时，提醒她:"林家没有钱,但是玉堂这个青年很有前途。"而她坦然地回答:"没有钱不要紧。"她又回忆起在哈佛大学读书时,她因患盲肠炎开刀住院,花去了所有的钱,但她无论如何也不肯向廖家要钱。

"她有骨气。"林语堂在一旁赞赏地说。

来客中有人请教他们半世纪"金玉缘"的秘诀。夫妇俩抢着说,秘诀是两个字:"给"与"受"。在过去的一万八千多天里,他们互相之间尽量在"给",而不计较于"受"。

知父母者莫如子女,女儿们常说:"天下再没有像爸爸妈妈那么不相同的。"她们对父母的性格差别体会得最深刻也最细致。差别就是矛盾。以"一团矛盾"自许的林语堂觉得夫妇个性上的差异不一定是坏事。人们常以"天生的一对"来形容恩爱夫妻,在实际生活中,性格太相似的夫妻,未必是幸福的;而性格不同的夫妻若能相互容忍,相互补充,取长补短,倒会成为幸福的伴侣。因为,两颗相爱的心灵自有一种神秘的交流:彼此都吸收了对方最优秀的部分,为的是要用自己的爱把这个部分加以培养,再把得之于对方的还给对方。

林语堂对人说,廖翠凤属水,水包容万物,惠及人群;而他自己属金,喜欢冲刺磨砺。他说:"我年轻时顽皮、乐观、不耐烦、不肯受羁束,甚至现在,我还是讨厌领带、腰带、鞋带。翠凤则刚刚相反,她是正正经经、规规矩矩的。我想我们很相称,相配得很好。她为我付出许多牺牲,我们是结了婚之后才开始相爱的。"

幽默与爱情：林语堂与廖翠凤

林语堂觉得，他和妻子矛盾统一，阴阳互补，是非常称心如意的结合，他说：

> 妻是外向的，我却是内向的，我好比一个气球，她就是沉重的坠头儿，我们就这么互相恭维。气球无坠头儿而乱飘，会招致灾祸。她做事井井有条，郑重其事，衣裳穿着整齐，一切规规矩矩。吃饭时，她总拣切得周正的肉块吃，如鸡胸或鸡腿，她避免吃鸡肫鸡肝儿。我总是爱吃翅膀儿、鸡肫、鸡脖子，凡是讲究吃的人爱吃的东西，我都喜欢吃。我是没有一刻安静，遇事乐观，对人生是采取游戏人间的态度。一切约束限制的东西我都恨，诸如领带、裤腰带、鞋带儿。[①]

林语堂和廖翠凤在个性、嗜好、生活习惯上的"矛盾"，远远不止上述这些。比如，林语堂天性乐观，而廖女士个性严肃，常多愁善感。林语堂爱走动，而廖女士爱静坐。林语堂能很娴熟地弹奏钢琴，但不大会唱歌，而廖女士则有女高音的歌喉，曾多次参加音乐会。林语堂最喜欢吃烤牛肉，百吃不厌，而廖女士喜欢吃鱼，不管什么鱼，她都吃得津津有味。全家都知道她爱吃鱼，有时，家人不喜欢吃的鱼，便全由她一人包办。

---

① 林语堂：《八十自叙》。

第十章
金婚五十年 相濡以沫

林语堂食欲很好，消化力也很强。有一次，他在旅途中写信对妻子说："我的肚子里，除了橡皮以外，什么也能消化的。"他的原则是：不和自己的肚子过意不去，饿了就吃，直到真正饱了为止，绝不故作文雅的推辞。林语堂觉得肚子吃不饱就无法工作，所以，即使是半夜，他如果觉得饿，也会起来吃东西。有一天晚上，他饿了，就煎了五个鸡蛋，还吃了两片脆饼。他还习惯于半夜吃夜宵。一天早晨，廖女士发现饭厅里狼藉不堪，林语堂无可奈何地承认："昨天夜里我觉得饥饿，我一直想了10多分钟，不知道起来的好，还是不起来的好，我又觉得很惭愧，仅仅为了吃东西，睡了还要起来。不过我若不吃一些东西，让肚子空空的，那么，我便不能入睡了。"有时，他一边吃一边装出一副可怜的样子，开着玩笑说："可怜我吧，我现在已觉得好些了，但仍旧有点儿饿哩！"在自己家的厨房里，林语堂可以随心所欲地饿了就吃，但到别人家里去做客时，情况就不一样了，社交上的礼节，使他有所约束。他最恨8点以后的晚宴，因为这种迟开的晚宴，常常使他等得饥肠辘辘。作为对策，林语堂就在家里先把肚子填饱，然后才去出席这一类以社交为目的的宴会。即使生病时，他仍然照吃不误，他的理由是越有病越要多吃一点儿东西才会恢复健康。所以，生病时，他竟吃双倍的东西。

而廖女士则与之相反。因为怕"胖"，所以她从少女时便注意节食减肥，限定每星期的进食量。然而，越是怕发"胖"的人，就越"胖"；而越"胖"，就越怕人家说她"胖"。结婚时,林语堂的父亲林至诚牧师对轿夫说,迎娶新娘时应挑选一顶比较高大、结实的轿子,因为新娘很胖。这话传到廖家,把廖二小姐气得发昏。但她也不得不承认事实,于是在结婚前几天拼命减肥——万一真把轿子压塌了,那可是天大的笑料啊!

一个饿了必须吃,另一个刻意节食减肥,表面上看,正好一对矛盾,然而,他们却相安无事,不但从未因此而发生冲突,反而相处得十分融洽。

出身于山乡穷牧师家庭的林语堂和出身于鼓浪屿富商之家的廖翠凤,在不同的生存环境里养成了他们不同的生活习惯。比如,廖女士在刷过牙以后绝对不吃东西,她始终如一地遵守自幼养成的这个规矩,而林语堂则常常吃了东西忘记刷牙,残存着山村"野孩子"的本色。他们互相间不强求对方改变自己的习惯,各行其是。但又都力图使女儿承袭自己的生活习惯。因此,有时,他们会同时对女儿们发出互相矛盾的指示,让孩子们无所适从。比如:

有一天,二女儿太乙(亚娜)正要睡觉。廖翠凤说:"亚娜,刷牙一定要用牙膏,牙齿刷得清洁些。"

这样,一场有趣的争辩便开始了。

林语堂反对道:"亚娜,牙膏是没有用的,只要拿一杯水漱漱口好啦!牙刷也不必用。"

廖女士说:"语堂,我不赞成,你应该让孩子用牙刷和牙膏。亚娜,你别相信父亲的话,现在去吧!"

第十章
金婚五十年　相濡以沫

"香"——这是林语堂对妻子的爱称，他说，"你不知道科学家已经证明不应常用牙膏吗？"

妻子说她知道这种意见，但她仍主张刷牙至少要用些精盐，丈夫听了笑着说："瞧，我明天要去牙医那里，让他检验一下我的牙齿，以后的五年中，我只用清水漱口。满五年时，我再到牙医那里去检验，看看我的牙齿有没有变坏。"

林语堂是一位烟不离口的"老烟枪"，廖女士不禁止丈夫吸烟，但也不想掩盖吸烟的弊端。她针对吸烟对牙齿的损害，指出："看你的牙齿，被烟熏得又黄又黑的。"

林语堂回答，他可以请牙医除去污垢。妻子知道无法改变丈夫的嗜好，所以不再与之争辩，而把重点放在"争夺"下一代上。她坚持让女儿照她的意思去做。她说："亚娜，时间不早啦，快用牙膏牙刷去刷牙吧！夜安！"

林语堂也不再阻拦女儿按母亲的指示去做。亚娜终于用牙膏刷了牙，林语堂显然有些失望。一场争辩结束，廖女士的家庭秩序，战胜了林博士的"自由主义"。——当然，他第二天并没有去牙医那里检查。

家庭这部机器的操纵者是廖女士。在她所操纵的家庭机器中，林语堂是一个特殊的部件。

妻子尊重丈夫的个人爱好，从不强迫丈夫改变自己的嗜好。所以，天性酷爱自由的林语堂，从未感到家庭对他的束缚。"宽严结合"是廖女士家政的一个特色。"严"的主要对象是三个女儿，而林语堂则享受着"宽"的待遇。当然，所谓

幽默与爱情：林语堂与廖翠凤

"严"，也是相对于林语堂所享受的"宽"而言的。林语堂是一位有各种嗜好甚至癖好的文人，他癖嗜之多，大概不会亚于他的"一团矛盾"。要不是廖女士"宽严结合"的治家方针，他的那"一团"癖嗜也难以保存。

林语堂在《论趣》中曾说："人生必有痴，必有偏好癖嗜。没有癖嗜的人，大半靠不住。而且就变为索然无味的不知趣的一个人了。"

他喜欢洗澡、散步、抽烟斗、钓鱼。他爱读书，他说读书是文明生活中人所共认的一种乐趣。他激赞诗人黄山谷的话：三日不读书，便觉语言无味，面目可憎。他认为，一个人并不是为了要使心智得到进步而读书，因为读书时，如怀着这个念头，那么读书的一切乐趣便完全丧失。他认为凡是以勉强的态度去读书的人，都是不懂得读书艺术的人，更谈不上读书是娱乐，等等。上述这些都是一般的嗜好，不足为怪。林语堂的特别之处是他有一些与众不同的癖嗜，比如：

他痴于当发明家，花费了多年心血，拆掉了不知多少台各种型号的打字机，而且还用掉 12 万美元的外汇储蓄，制造了一台无法正式投产的中文打字机。这是一般人所不为的，唯有林语堂才会不顾一切埋头于这种无利可图的发明事业，这就是典型的"林语堂式的癖嗜"。如果没有妻子的支持、理解和容忍，这位倒霉的发明家恐怕难以坚持到底。所以说，在容忍丈夫的癖嗜方面，廖翠凤真是一位温顺得罕见的贤妻。

对脚的偏爱，是林语堂又一特殊的癖好，而正是这一癖好

第十章
金婚五十年 相濡以沫

的特殊性生动地表现了他的幽默个性。他认为，"生活中最奢侈的享受之一"就是不穿鞋子，在北京当大学教授时，他喜欢穿着袜子在系办公室的地毯上行走。他在《从异教徒到基督教徒》中说："人的双脚，即因为上帝为了叫人行走而造成它们，所以是完美的。对于它们，不能再有什么改良，而穿鞋是一种人类退化的形态。汤玛斯·渥尔夫曾在《望乡》一书中亲切地写，天使脚趾翘起，因为他生来就是如此。"

散步，是林语堂的爱好，每次散步回来，他总要洗一回脚，这可是癖好。他还常常很风趣地夸耀自己的脚是世界上最干净的。他对女儿们说："我的脚世界上最清洁，有谁的脚，能够像我一样的清洁？罗斯福、希特勒、墨索里尼，谁都比不上我！我不相信他们能像我一样，每天要洗三四次脚。"

廖女士是有名的贤内助，大概是夫唱妇随吧，她也认为："美的基础，就在脚上。"照此逻辑推论下去，爱美者首先应该爱自己的脚。也许是林夫人的美学观念养成了林语堂一天洗三四回脚的习惯——当然，逆定理同样成立，正因为林语堂特别偏爱自己的脚，林夫人才说：美的基础，就在脚上。

在家庭生活里，林语堂常跟着孩子们叫廖翠凤"妈"，廖女士常常把丈夫当作一个大孩子看待，大女儿林如斯（阿苔）在回忆童年生活时说："母亲也把父亲当作她的大儿子看待；她常把牛奶悄悄地倒在父亲的杯子里，要父亲不注意时喝下去。父亲有时把牛奶倒还给她，有时却听了她的话，喝下去。"

幽默与爱情：林语堂与廖翠凤

在事业上，林语堂以一个"探险的孩子"自喻。而在家庭生活中，他却像一个调皮的大孩子，和女儿们打打闹闹，做游戏，跟妻子开玩笑。有时，他故意说自己的钱包不见了，以此来吓唬妻子；当妻子信以为真，十分紧张时，他就突然宣布钱包找到了。丈夫为他成功的玩笑而高兴得笑出来，而妻子发现自己受骗后，对丈夫说："顽皮的孩子，想来愚弄我吗？"

童心未泯的林语堂曾说："人生必有痴，而后有成。痴各不同，或痴于财，或痴于禄，或痴于情，或痴于渔，各行其是，皆无不可。"世人没有谁能比廖翠凤更理解林语堂的"痴"。夸张地说，廖女士把丈夫的"痴"当作他的最宝贵的精神财产而精心保护。实际上，林语堂的"痴"是他的文艺个性和美学风格的一个有机的组成部分，如果抹杀了这些"痴"，那么他的艺术个性的特殊性也就被磨平了。

比如说，林语堂为沈三白夫妇和李香君流泪，是一种痴。为李香君悬像题诗也是一种痴。

沈三白的《浮生六记》，曾被林语堂誉为是古今中外文学作品中最温柔细腻的闺房之乐的记录。沈三白和他的夫人陈芸的那种爱美、爱真的精神和他们身上所体现的那种中国传统文化的知足常乐、恬淡自适的天性，几乎使林语堂感动得如醉如痴。以提倡性灵而闻名的林语堂，最崇拜的古代妇女是《浮生六记》中的陈芸和《桃花扇》中的李香君。陈、李二人是他心目中的真善美的化身。他在《浮生六记》英译本的序文中曾说：

> 我现在把她的故事翻译出来，不过是因为这故事应该叫世界知道；一方面以流传她的芳名，又一方面，因为我在这两位无猜的夫妇的俭朴的生活中，看他们追求美丽，看他们穷困潦倒，遭不如意事的折磨，受奸佞小人的欺负，同时一意求享浮生半日闲的清福，却又怕遭神明的忌。在故事中，我仿佛看到中国处世哲学的精华在他们夫妇的生平上表现出来……蹭蹬不遂，而仍不改其乐……我们看见她的爱美的天性与这现实的冲突——一种根本的，虽然是出于天真的冲突。

"痴"于沈三白、陈芸夫妇的林语堂，远在20世纪30年代初就策划过为沈三白夫妇扫墓，此举获得了廖女士的赞同。这时，经常给《论语》投稿的周劭还在苏州东吴大学求学，林语堂就写信请周劭到苏州郊外的福寿山上去寻找沈三白、陈芸的坟墓，欲以香花鲜果、供奉跪拜祷祝于这两位清魂之前，并拟将马斯奈的乐章，长歌当哭。可是，几百年的风风雨雨早已湮没了这对清贫夫妇的古墓。周劭劳而无获，林语堂扫墓之举只得作罢。

对李香君的崇拜，是林氏的又一"痴"。李香君痛骂魏忠贤党徒们的那一段唱词，深得林语堂赞赏，认为这是动天地而泣鬼神的文字，可以与岳飞的名作《满江红》相媲美。刚到美国不久，林语堂便千方百计地搜集到一幅李香君的像，悬挂于"有不为斋"，觉得这是"一生第一快事"，并且还题诗一首，

幽默与爱情：林语堂与廖翠凤

诗作寓庄于谐，借古讽今，讽刺了当代的"贩子"和"骗子"们，讴歌了巾帼英雄李香君的大义凛然。

如果说廖翠凤把林语堂"当作她的大儿子看待"是指她在生活上对丈夫的关心照顾，倒也不过分。但如果以为林家是廖翠凤说了算，那可就犯了"以部分代替全体"的毛病。因为，林语堂夫妇关系的实质还是"夫唱妇随"。廖翠凤的原则是：在没有危险、不损害健康的范围内，她给予林语堂以充分的自由，以利于他的个性发展。林太乙在《林语堂传》中说："廖家的女人有一种憨劲，生命力极强……廖家的女人善于跟踪，这是她们的长处。"廖女士跟了林语堂50年，一步也没有放松过，她继承了廖家女人的传统。

林语堂认为一个人必须既有严肃的一面，也有轻松的一面，"尽力工作，尽情作乐"就是这个意思。所以，每逢完成了大部头著作以后，他常会带家人外出旅游。他主张在闲暇时可以选择任何娱乐：动的，静的，心灵的或是麻醉的，一个原则——只要是自己所喜欢的。而凡是丈夫所喜欢的任何娱乐，妻子几乎都积极响应并尽量作陪助兴。林语堂喜欢旅游，廖女士是旅伴；林语堂爱好钓鱼，廖女士也常常奉陪，所以在地中海边的渔船上就留下了夫妇俩钓鱼时的合影。林语堂去赌城蒙德卡罗，廖女士也不加阻拦。因为她很了解丈夫，相信他绝不会成为嗜赌如命的赌棍。林语堂好轮盘赌，但不着迷，有时赢了钱舍不得罢手，最后把钱袋里的钱全输光才安心回家。但即便输光也不太狼狈，这要归功于廖女士的周密安排，因为她交给丈夫的钱总保持着一个恰如其分的尺寸：既能玩得尽兴，又不至于影响家庭经济收支的平衡。

爱是一座万能的桥梁，它能跨过冰封雪冻的江河，超越停滞不前的空间，即便关山阻塞，迢迢千里，即便云暗雾障，天寒地冻，爱也能使丈夫和妻子手携手跨进阳光普照的天地。因为有了爱，所以林、廖的婚姻是幸福美满的。林语堂是幸运的。虽然不是廖翠凤造就了林语堂的性格，但至少她精心保护了丈夫的天性。在精神上，她尊敬他，崇拜他；在家庭生活里，她迁就他，并向他奉献了由夫妇的爱和母爱合铸而成的深情。

"爱情的艺术"是"生活的艺术"中的一颗灿烂的明珠，讲究"生活的艺术"的林语堂，对"爱情的艺术"自然也有其与众不同的高见。他和廖翠凤都是善于驾驭婚姻之舟的舵手，无论遇到什么惊涛巨浪他们都能胜似闲庭信步，从容应对。

庆祝金婚50周年的聚会，气氛热烈，林语堂、廖翠凤像新婚夫妇那样，在宴席上表演了互点香烟等婚礼上常见的余兴节目。贺客们像闹新房似的要他们坦白恋爱经过，而林语堂也高兴地道出了他对自己婚姻的独特体会。他说："婚姻犹如一艘雕刻的船，看你怎样去欣赏它，又怎样去驾驶它。"

贺客黄肇珩女士问他们，没有儿子是不是感到遗憾，林夫人爽快地回答："我的确感到遗憾。"

廖翠凤说，她样样有福气，就是没有生个儿子的福气。而林语堂却一点儿也不在乎，因为他觉得自己的三个女儿比许多

幽默与爱情：林语堂与廖翠凤

人家的儿子有出息。

当年，上海的社交界认为林语堂的成功有廖翠凤不少心血。所以廖女士在"家政"方面的业绩，早已名声在外。现在，有的女客就乘机向廖女士悄悄地请教"治家"的秘诀。廖女士笑了，她用貌似平淡无奇的家常话做出了深含哲理的回答，她说："不要在朋友的面前诉说自己丈夫的不是；不要养成当面骂自己丈夫的坏习惯；不要自己以为聪明；不要平时说大话，临到困难时又袖手旁观。"

而林语堂最欣赏廖翠凤能与他同甘共苦这一点。他说："婚姻生活，如渡大海，风波是一定有的。婚姻是叫两个个性不同的人去共过一种生活。女人的美不是在脸孔上，是在心灵上，等到你失败了，而她还鼓励你，你遭诬陷了，而她还相信你，那时她是真正美的。你看她教养督责儿女，看到她的牺牲、温柔、谅解、操持、忍耐，那时，你要称她为安琪儿，是可以的。"

第十一章 痛失爱女 夫妇同悲

幽默与爱情：林语堂与廖翠凤

《当代汉英词典》的编纂工作使林语堂呕尽了心血。当初他推崇日本学者诸桥辙次所编的《大汉和辞典》，那是花了30年的时间才完成的浩大工程。现在，几乎是同样大的工程，他却约定用3年时间完成，并答允亲自主理编译工作，而实际上他的助手只有三四个人。

灾祸和幸福，悲剧和喜剧，像没有预料到的客人那样来来去去。它们的规律、轨道和引力的法则，是人们所不能掌握的。在日夜矻矻之下，词典如期交出了定稿，而林语堂的健康却在这超负荷的压力下受到了损害。在词典快要编好的关键时刻，林语堂日夜赶工，废寝忘食，写到最后几页，连字都看不清楚了。早上起来，廖翠凤注意到他的脸涨得通红，嘴巴有点儿歪，立刻将他送到医院检查。医生说这是"中风的初期征兆"，要他彻底休息两个月。

林语堂坐在病床上，谈笑如故，看上去似乎一切如常。但医生说，幸亏及时到医院里来，住几天便可以回家；但如果发现讲话不清楚，或动作不协调，例如，不能把茶杯放回茶托上，便须立刻送回医院。

幸好只是"中风的初期征兆"，而不是真正的中风，林语

第十一章
痛失爱女　夫妇同悲

堂那思维敏捷的头脑没有受到损坏。他出院了,自我感觉良好,大家劝他不要再拼命工作。他说不会的,不会再像以前那样连续工作十几个小时了。

出院后两个月,词典编纂工程胜利结束,书架上堆满了词典的稿子。香港中文大学就要派人把稿子装箱运到香港去,下面一道工序就是排字校对工作了。林语堂如释重负,计划带妻子去欧洲旅行。然而,天有不测风云,一桩飞来横祸彻底打乱了林语堂夫妇晚年生活的节奏——林语堂的大女儿林如斯自杀了!

1945年,22岁的林如斯在昆明军医署林可胜大夫手下服务时,认识了一位医生,经过自由恋爱,两人一同返美,打算结婚。林语堂夫妇对这门亲事也表示满意,积极张罗着他们的订婚事宜,准备举办订婚宴会,邀请亲友参加,以示庆贺。订婚宴会的请帖发出后,一个戏剧性的突变,使家里闹得天翻地覆。原来,在举行订婚宴会的前一天,林如斯与一个美国同学的哥哥狄克私奔了。女儿私奔的消息传来,犹如晴天霹雳,林语堂夫妇无法理解。他们不是守旧的顽固分子,但是,女儿在订婚前一天私奔,对于一个有名气的作家来说,确是件相当尴尬的事。裹藏着讥笑、嘲讽、责难、误解、好奇……的舆论,一起向林语堂夫妇袭来,使他们措手不及。

狄克的父亲是纽约一家广告公司的老板,相当富裕。但狄克是个浪子,中学时被学校开除,靠父亲养活,没有工作,长得并不好看,但颇有口才。林如斯看中了他的哪一点?为什么会跟他私奔？林语堂一家觉得莫名其妙。从此，林如斯过的是不安定的生活，常常迁居。狄克说，想写作，但并没有什么成绩。

林语堂夫妇对这件事，伤心不已。

然而，林如斯和狄克的关系只维持了10年。1955年，这一国际婚姻终于结束了。离婚，把林如斯抛入一个无底的深渊。

林如斯是一个很有才华的人，林家独特的家庭环境和林语堂毕生所追求的东西文化融合观，使林如斯自幼获得了多种文化的营养。她既具有西方文化的个性解放精神，又深受中国文化意识的熏陶。个性解放的观念，使她不顾父母的面子和社会舆论，胆敢"冒天下之大不韪"，在订婚前一天与自己所爱的人私奔。婚后，她的爱情是纯洁的，而且是理想化了的。她把爱情看得至高无上，因此，一旦失落，便痛不欲生，似乎整个生活的大厦随之倒塌。20世纪50年代初，林如斯与狄克交涉离婚时，依照美国法律，她可以名正言顺地得到一笔赡养费。如果林如斯能拿出当年私奔时的勇气，以西方的价值观念来对付狄克，那么她就应该理直气壮地请律师为她去争应得的经济权益。可惜，这时的林如斯却突然以东方妇女的传统意识来处理自己的离婚案件。她不想与使她厌恶的人再有任何来往，只想尽快与狄克一刀两断。而且，清高的她，宁可不要分文赡养费，也耻于在经济上与他讨价还价，最终以经济上的损失换取了精神上和道义上的全面胜利！

第十一章
痛失爱女　夫妇同悲

在版税问题上吃过哑巴亏的林语堂,对林如斯的离婚采取了比较现实的态度。他劝女儿用头脑冷静地想一想:跟狄克争赡养费当然是不愉快的,但是,人要生活,不能没有钱,所以,为了今后的生活,还是应该去争赡养费的。

涉世未深的女儿,坚持己见,没有听从林语堂的劝告。婚姻破裂给她带来的打击太沉重了,她的大脑的信息库早已被断肠的痛苦所填满,再也无法输入其他新的信息了。所以她无暇顾及以后的生活,更没有想到钱。离婚,仿佛抽掉了林如斯的精神支柱,她垮了,整个人软绵绵的,从此以后,再也没有振作过。

1962年,林语堂夫妇访问中南美洲六国之前,林如斯病了,住院治疗,林语堂几乎因此而放弃出访中南美洲的计划。临行前,林语堂夫妇与女儿依依不舍地告别。

"爸爸妈妈要去中南美,你会好好地照顾自己吗?"

"当然会的。你们放心去好了。"

"要是有什么事,你找妹妹好了。"

"妹妹在波士顿。"

"要不然我不去了。堂呀,你一个人去。"

"你们尽管去好了。我不会有事的。"

"你一个人住要小心,不认得的人不要开门让他进来。"

"我知道,我知道。"

"你钱够不够用?"

"够了,够了。"

"凡事要看得开,不要再伤心了。"

"我不会的。我自从出院之后好像变了个人,好像从前的拼图玩具少了一块,现在拾到了,完整了。"

"你要好好地工作,不要胡思乱想,知道吗?你根本没有什么事,身体好,又聪明,年龄也不大,可以有很好的前途,只要你用头脑想清楚。"

"我对不起你们,每家都有一本难念的经。"

"快别那么说,我们回来之后你搬回家住。"

"我不是小孩子,我会照顾自己的。"

——真是可怜天下父母心!

林如斯患了严重的精神忧郁症。这种病是神经官能性的毛病,由于脑部的构造损坏所致。她的情绪时好时坏,好的时候,像正常人一样,在一家出版公司工作,还在工作之余试译唐诗;情绪坏的时候就跌入了个人悲哀的小天地,无论林语堂夫妇怎样劝解都没有用。她搬到纽约林语堂所住的公寓大楼,住在父母的隔壁。为了照顾这个可怜的女儿,林语堂把墙壁打通。

女儿的病使林语堂感到很大的精神压力。有一次,林语堂和二女儿林太乙同游香港落马洲,他忍不住小声对林太乙说:"我把你妈妈照顾得快快乐乐,可你姐姐在慢慢地摧毁她。"实际上,林语堂比廖翠凤忍受了更多的精神折磨——因为外人会说,幽默大师的家庭生活并不幽默,不然,女儿怎么会得精神忧郁症呢?

第十一章
痛失爱女　夫妇同悲

林语堂回台北定居后不久，林如斯也到台北故宫博物院工作。她担任博物院蒋复璁院长的英文秘书，并且编译了《唐诗选译》，交给台北中华书局印行。

林如斯不肯住进阳明山麓的父母家里，独自住在台北故宫博物院的职工宿舍，心情很不好，有时呈现恐惧焦虑的症状，有时她会与现实完全脱节，好像迷失了自我。她也想极力克制自己，不愿意表现出反常的行为，可是，并不完全成功。

林语堂夫妇为女儿的精神官能症担忧，但生性乐观的林语堂一直抱着积极的态度，认为只要鼓励她，用爱去医治她心灵的创伤，她一定会好起来的。而廖翠凤却被女儿的异常表现折磨得无所适从，她对林语堂说：

"我们生了三个女儿，同样照顾，为什么就是她有问题？是不是她小时候我做错了什么事，使她这样？"

"不，凤，你不能怪自己。"丈夫安慰自己妻子道。

"她是我头一胎，我多么疼她。她小时候真乖，多听话，又聪明，像个大人一样，帮助我做家务，照顾妹妹。多乖、多听话。"

"她会好起来的。爱她、照顾她、不要批评她，她会好起来的。她根本没有事。"

林语堂是家庭的慈父，他以自己的生活哲学来开导女儿。他的生活哲学虽然影响过许多素不相识的读者的生活观，但实践于大女儿身上时，却是失败的。尽管如此，林语堂仍没有灰心，他极力重新唤起女儿对生活的信念。一天，他对女儿说：

"你不要一直想自己,想想别的。培养个人兴趣。人生快事莫如趣,那也就是好奇心。你对什么最感兴趣,就去研究,去做。趣是有益身心的。"

廖翠凤在一旁插嘴道:"堂呀,你不要跟她讲大道理了,她听不进去。(对林如斯)我的骨肉,我的心肝,你不要这样子好不好?吃一片镇静剂吧,吃了就会好一点儿。你知道你爸妈都是七十几岁的人了。你要学会照顾自己,自食其力。我们是没有什么储蓄的。你爸爸的工作是绞脑汁,那是非常辛苦的工作,会疲倦的,你不要使他烦恼。"

"凤,你不要跟她讲这些,我很好,一点儿也不疲倦。"

"不,我要她明白。(对林如斯)我们上了人家的当,我们存在'IOS 互惠基金'的钱不值分文了。那互惠基金的主持人因为舞弊被抓起来了,成千上万的人上了当,包括你爸妈。"

"喔?"林如斯可是第一次听到这个消息。她对母亲的话,表示惊讶,因为她知道父母原打算用这笔互惠基金来养老的,现在受骗上当,父母因此蒙受了巨大的经济损失,林如斯很难过。

廖翠凤还继续说下去:"这件事轰动全美,在报纸上已经登了许久……"

林语堂打断了妻子的话,他说:"凤,你不要跟她讲这些。"

"我要讲,我要她明白。(对林如斯)你爸很辛苦绞脑汁赚来的钱不见了。赚钱是不容易的,你不要使他忧愁。听见

第十一章
痛失爱女　夫妇同悲

没有？"

女儿的不幸像梦魇一样缠着林语堂……不可挽回的灾难终于发生了——1971年，林语堂因"中风的初期征兆"住院又出院后的两个月，一天中午，蒋复璁请林语堂在台北故宫博物院吃饭，有人跑来说，工人去打扫林如斯的房间时发现她吊在窗帘杆上，抱下来时已经断气。而桌子上的茶还是温的，可见是刚上吊不久，再早一点儿发现就好了。

林语堂在这巨大的悲剧面前几乎是精神崩溃了！林太乙曾以沉痛的心情回忆和描述了她和黎明、林相如等三人赶到台北所见到的第一印象：

> ……走进家里时，父亲扑到我身上大哭起来。母亲扑在妹妹身上也大哭起来。顿时我觉得，我们和父母亲对调了位置，在此以前，是他们扶持我们，现在我们要扶持他们了。那"坦率、诚恳、乐观、风趣；怀着一瓣未泯的童心，现实主义的理想家；满腔热情的乐观者"变成一个空壳子，姐姐掏去了他的心灵。那时父亲是七十六岁，母亲比他小一岁。
>
> 我们把两老送进医院，他们哭哭啼啼地对彼此说："我们不要再哭了，我们不哭了。"
>
> 姐姐留了遗书给父母说："对不起，我实在活不下去了，我的心力耗尽了。我非常爱你们。"①

---

① 林太乙：《林语堂传》。

幽默与爱情：林语堂与廖翠凤

　　林语堂夫妇在中国台湾的几位晚辈亲戚的帮忙下料理了林如斯的后事。出殡之后，林太乙、林相如两姐妹把林语堂夫妇接到香港去住。在飞机场领行李处，廖翠凤突然晕倒，瘫在二女儿的怀中，家人吓得魂飞魄散。机场的人围过来，有人叫了救护车，醒过来后她就被送到三女儿家。

　　沉重的打击使廖翠凤变成了另外一个人，她沉默寡言，吃得很少，心灰意冷，常常反复说："我活着干什么？我活着干什么？"她变成了没有主见的人，连看见自己可爱的小外孙都不会笑了。

　　一夜之间，林语堂老了许多，他虽然勉强摆出笑容，但他的心碎了。

　　其实全家人的心都碎了。大家都还不能接受林如斯自尽的事实，连林太乙也问父亲："人生有什么意思？"

　　"活着要快乐。"林语堂简单地说。他没有再往下说，因为眼前残酷的事实和他理想中的生活相距甚远，生活的支柱在动摇。

　　林语堂和女儿们带廖翠凤去看医生，医生告诉她，她为大女儿已经尽到了母亲的责任，没有理由自悔自责，只有接受事实。那位医生久仰林语堂的大名，接着就和林语堂谈论他的作品。林如斯的死，对林家来说好像天塌下来了，但地球仍像过去那样地转动着，别人也照样正常地生活。

　　女儿们想方设法地来减轻父母的悲痛。小女儿驾车带林语堂夫妇到处去散心。在阳光明媚的浅水湾，他们坐下来饮食。

第十一章
痛失爱女　夫妇同悲

林语堂心不在焉，拿茶杯的手乱晃，茶水从杯子里溢出来，溅湿了胸前的衣服。一向注意仪容的廖女士，摆开双腿，随便坐着。沙滩上有孩子在嬉戏。世界充满了生气，但林语堂夫妇似乎视而不见，神情冷漠地坐着，遇见熟人、朋友也不招呼，就像不认识似的……这时，浅水湾的阳光在林语堂眼里也变得暗淡无光。

紧张的词典校对工作开始了。林语堂首先振作起来，因为工作在召唤着他、提醒着他：除了女儿的悲剧和家庭的悲哀之外，外面还有一个广阔的世界。林语堂回到台北阳明山麓，投入了繁重的校对工作中。眼睛看不清了，他用一座有电灯的放大镜校对。

而廖翠凤却仍然沉溺于失女之痛中，因为爱女的死动摇了她的生命信仰和生活信念。正像二女儿林太乙所说："她没有眼泪了。她变成一股精神，时时刻刻提防横祸再度降临。她像一头猫头鹰，睁大眼睛注意父亲每一个动作。她面色灰白，缩紧双唇，话很少。"

廖翠凤患了恐怖症，一直以为家里有小偷。她失眠，忧虑，对什么都不感兴趣，都没有主张。怎么办呢？林语堂只好再带她到香港找女儿去。但即使住在香港的三女儿家里，廖翠凤也感到恐惧，只要有人按门铃，她都害怕，连送信的邮差她都不让进门。二女儿的孩子去探望外公外婆。林语堂说，就在这里吃午饭吧，廖翠凤赶紧说："不要！家里没有东西给他们吃！"

第二天晚上,女儿们带林语堂夫妇到镛记饭店吃烧鹅。饭后林语堂突然大口吐血,大家赶紧把他送进玛丽医院。经诊断,医生说由于他身心过度疲劳引起了十二指肠脱垂,所以吐血。出院之后,医生要他在家里休养。因为失血过多,有突发心脏病的危险。妻子和女儿们要他卧床休息,不让他起床。女儿们炖牛肉汤、鸡汤给他进补。两个星期过去了,他的精神开始复原。

养病期间,林语堂态度温和,关心女儿们的生活,竭力不麻烦别人。他悄悄地对妻子说:"女儿各有自己的事要做,我们不要搞乱她们的生活。"

他恢复过来了,原先的那个林语堂又回来了,而原先的那个廖翠凤却一去不返了。她神情冷漠,面部毫无表情。她不再讲国语或英文,从此只讲厦门话。她的现实人格摆脱了社会人格,甚至自我人格的制约,变成了自然人格或原始人格的存在。她好像变成了父亲廖悦发的化身,她以父亲的那种标准衡量一切——与林语堂共同生活半世纪中所获得的社会人格,因爱女之死而毁于一旦。

有一位老友来访,因为此人现在是有钱的富商,所以廖翠凤拒绝接见。她说:"我们没有钱,没有面子见人。"

二女儿林太乙、女婿黎明夫妇住在罗便臣道,离林语堂夫妇所住的小女儿家干德道很近。林语堂夫妇到二女儿家时,廖翠凤总是正襟危坐,态度客气,因为按廖悦发的观念,嫁出去的女儿像泼出去的水,现在是丈母娘到女婿家做客,所以她礼节周到。吃过饭告辞时,她总客气地对林太乙夫妇说:"多谢。"母女之间往日的亲情,消失得无影无踪。

廖翠凤的情况稍有好转,林语堂就带她回到台北。但一离开小女儿相如,廖翠凤又焦虑起来,唯有与小女儿住在一起时,她才感到安全。可是林语堂不喜欢把自己关在香港狭小的公寓里,住久了精神就不好,他留恋阳明山麓秀丽的风景、美妙的自然环境和熟悉的"有不为斋",他的心是接近大自然的,所以不习惯香港的都市生活,再说台北还有许多他的朋友哩。于是,一个要住香港,一个要住阳明山,他们只好来回往返于台湾、香港之间。后来,他们住在香港的时候比住在台北的时候多。

1972年10月,被林语堂认为是他写作生涯的巅峰之作的《林语堂当代汉英词典》由香港中文大学出版,全书1800页。这部词典花费了他五年的时间和精力,印刷和发行的费用由恒生银行有限公司垫借。香港中文大学成立了一个监理会,由大学校董利荣森和议员利国伟指导。中大校长李卓敏在词典的序中说:"没有一部词典敢夸称是十全十美的。这一部自不能例外,但我们深信它将是迄今为止最完善的汉英词典。"

词典的成功,使林语堂从失女之痛中得到一些解脱,但是心灵深处的创伤却是难以痊愈的。他为爱女写了一首悼亡诗——《念如斯》。

东方西子　饮尽欧风美雨　不忘故乡情独思归去

关心桑梓　莫说痴儿语　改妆易服效力疆场三寒暑
尘缘误　惜花变作摧花人　乱红抛落飞泥絮
离人泪　犹可拭　心头事　忘不得
往事堪哀强欢笑　采笔新题断肠句
夜茫茫何处是归宿　不如化作孤鸿飞去

总之，长女的悲剧几乎摧毁了林语堂的精神支柱，直接影响了他的健康。

第十二章 依依不舍 告别人生

幽默与爱情：林语堂与廖翠凤

1975年9月，第40届国际笔会在维也纳召开。林语堂当选为本届国际笔会总会的副会长。

70年前，福建漳州龙溪坂仔村的一个幼童曾天真地对父亲说："我要写一本书，在全世界都闻名……"70年后，这位幼童的预言实现了，因为林语堂的《京华烟云》在这次大会上被推举为诺贝尔文学奖的候选作品。

国际笔会总会副会长是一个荣誉职位，在亚洲作家中只有印度的光诗南、日本的川端康成担任过总会的副会长，林语堂是亚洲作家中荣膺此职位的第三人。

这一年，林语堂80岁，他已步履蹒跚，记忆迟钝，走路要用手杖，健康状况每况愈下。

10月10日，林语堂80大寿。朋友们在香港利园酒店为他祝寿。来宾除了香港中文大学的许多教授和利荣森、利国伟等，还有20世纪30年代上海论语派的老"战友"简又文、徐訏，以及张国兴等老友。

10月12日，林语堂夫妇在小女儿的陪同下回到台北，台北文化界的10个文艺、学术、新闻团体在大陆餐厅举行盛大的联合茶会，庆祝林语堂的80华诞。

第十二章
依依不舍　告别人生

1975年,美国图书馆学家安德生所编的《林语堂英文著作及翻译作品编目》出版。他在"前言"中说:

> 东方和西方的智慧聚于他(林语堂)一身,我们只要稍微诵读他的著述,就会觉得如在一位讲求情理的才智之士之前亲受教益。他有自信、有礼、能容忍、宽大、友善、热情而又明慧。他的笔调和风格像古时的人文主义者,描述人生的每一方面都深刻机敏、优美雍容,而且由于顾到大体,所以在估评局部事物时能恰如其分。最足以描绘他的形容词是:有教养。他是最令人赞佩,最罕见的人——一位有教养的人的典型。

同年5月,安德生编纂的《林语堂精摘》出版,林语堂在为这本书所写的序中说:

> 我喜欢中国以前一位作家说过的话:"古人没有被迫说话,但他们心血来潮时,要说什么就说什么;有时谈论重大的事件,有时抒发自己的感想。说完话,就走。"我也是这样。我的笔写出我胸中的话。我的话说完了,我就要告辞。

林语堂在向世界"告辞"了,他显然已有死亡的预感,他变得多愁善感,时常流泪:遇到风和日丽的气候,他流泪;听见山上鸟声,他流泪——世界太美了,他怎么舍得离开?

然而,谁也无法抗拒生老病死的自然法则,林语堂也明白:自然韵律有一道法则,由童年、青年到衰老和死亡,一直支配着人们的身体。但他尽量想使优雅的老化含有一份美感,他要在告别这世界之前回顾和总结一下自己80年来的心理历程,于是他写下了《八十自叙》(美亚出版公司1975年出版)。

《八十自叙》是林语堂在耄耋之年,追忆往事,用与读者闲谈的口气,信笔挥洒,用英文写下的简要的自传。

1975年12月,圣诞节前夕,林语堂寓居香港小女儿家里。

一天,二女儿林太乙带他到永安公司去购物。那里挤满了采购圣诞节礼品的大人、小孩,商店里洋溢着一片喜气洋洋的景象。

这节日的气氛感染了热爱生命的林语堂,他目睹各式各样灿烂的节日装饰品,耳闻圣诞颂歌,感到这世界太美丽了,而想到自己逐渐衰老,便无限激动、无限感伤。他突然在柜台上抓起一串假珍珠项链,泣不成声……

店员小姐自然不知道这位像小孩子一样哭泣的老翁就是大名鼎鼎的林语堂,更不理解这位瘦削的老翁为什么会在这样的场合哭泣起来。店员感到莫名其妙,误以为他神经不正常,因此,以不礼貌的态度好奇地看着他。

在一旁的林太乙被店员的无礼态度所激怒,她的胸腔胀得快要爆炸了。她想对那无知的店员说:饶了他吧,小姐,你要是读过他的书,知道他多么热爱生命,方才会知道他为

第十二章
依依不舍　告别人生

什么在掉眼泪。让他抓起一个个装饰品，对着这些东西流泪吧。

圣诞节过后，林语堂的身体愈加衰弱，双脚已经无法行走，不得不坐上轮椅。他一天比一天瘦下去，每次伤风或患痛风之后，就失去身体的一部分功能。女儿们请中医来给他调理，也不见成效。

后来，他连睡袍上的腰带也不会打结了。女儿们就教他怎么打结，而他像幼童一样耐心地学。

有时，半夜，他从床上掉到地下，衰弱得爬不起来，就静静地躺在地上，直到天亮。

小女儿看见老父亲在地上睡了一夜，心痛地说："爸，你怎么不喊我？"

林语堂安详地回答："你白天要工作，我不想吵你。"

女儿听了把眼泪咽进肚子里。

即使在轮椅上，有时也坐不稳，为了防止他从轮椅上跌下来，女儿不得不用绳子把他捆绑在椅上，像个囚犯似的。这时他对女儿说："我真羡慕你，想去哪里就去哪里。"因为他自己已经失去了行动的自由。

林语堂的身体在不可抗拒的自然法则的支配下，几乎丧失了活动的能力，但他的心却是仍然年轻的，因为对他来说，衰老的只是物质，而不是精神——一天，60 年前曾与之相恋过的陈锦端女士的嫂子陈希庆太太到香港干德道去拜访林语堂。80 岁的林语堂仍念念不忘 60 年前的恋人。他问起陈锦端女士

幽默与爱情：林语堂与廖翠凤

的情况，听说她还住在厦门，高兴得像个年轻小伙子似的，对陈希庆太太说："你告诉她，我要去看她！"

廖翠凤女士急忙插言阻止道："语堂，你不要发疯，你不会走路，怎么还想去厦门？"

廖女士当然是为丈夫的身体着想，不知道她是否意识到，陈锦端是林语堂情感世界中的一座圣殿，永远在他的心灵深处占据着一个不可替代的位置。正是：天长地久有时尽，此恨绵绵无绝期。

只有当生命被清楚地看到在慢慢死亡时，生命才是生命。林语堂已经清晰地听到了死神临近的足音。越是在这最后的时刻，他越是留恋生活，留恋爱情，他向往青春，回忆童年，怀念故土。他把自己的生命的火炬传给了下一代，他说：

> 我们的孩子长大了。她们有她们的前途，要过她们自己的日子，在无常的世间独立面对各种多变的情况。
>
> 我回顾一生，觉得此生无论是成是败，我都有权休息，优哉游哉过日子，享受儿孙绕膝的快乐，享受人生的最高福佑的天伦之乐。

晚年，林语堂把"天伦之乐"誉为人生的最高福佑，他有一个外孙女、一个外孙，他一律以"孙儿"相称。他晚年，最大的乐趣，莫过于含饴弄孙。他说："我和孙儿没有玩什么游戏，也不玩什么玩具。我喜欢和他们一块儿倒在床上，又说又

第十二章
依依不舍　告别人生

笑，有时一高兴就来个两脚朝天。"

多年前，两个外孙在美国纽约一零三街居住时，林语堂也住在纽约，他常常开着汽车把外孙接到自己家里。他忘记了年龄的距离，和外孙们做着各种幼童所喜爱的游戏。他把自己和两个外孙称为"我们三个小孩"，在玩耍各种游戏时，他和两个外孙自称一党，而把廖女士称为"大人"，是另外一党。他还认真地把自己幼年时的相片和两个外孙的相片拼在一起，印晒出一张人工制造的"我们三个小孩"的相片。"三个小孩"还常常故意戏弄"大人"，当廖女士出去买菜时，"三个小孩"把他们的三双鞋放在饭桌上，而三个人都躲进藏衣室，当廖女士回来只见饭桌上的鞋子而不见人影，惊讶地喊："这是怎么回事？"

没有回答。"三个小孩"在藏衣室里得意地咯咯笑。

廖女士又问，仍没有回答。

最后，"三个小孩"忍不住了，突然从藏衣室里破门而出，扑到廖翠凤身上，两个外孙高兴得大叫大笑；林语堂也像小外孙一样高兴得大叫大笑，他为自己所编导的儿童喜剧而得意扬扬。

"堂呀！你怎么教孩子胡闹？"廖女士假装生丈夫的气，其实她心里是高兴的，因为这样的游戏也使她年轻了几十岁。

…………

林语堂痛苦地品尝着今昔的对比，当年和外孙们游戏时，他生龙活虎，活蹦乱跳；而此刻，他丧失了生活自理的能

| 幽默与爱情：林语堂与廖翠凤

力,真像小孩子一样,坐在轮椅上被人推来推去。他已经无法与心爱的外孙们做"我们三个小孩"的游戏了,他已经与心爱的烟斗诀别了,而这烟斗曾是他生命的一部分……往昔的成败荣辱,像电影似的不断地出现在他的头脑中。他清醒地等待着那最后一刻的来临——他是痛苦的,因为他热爱这世界,他不愿离开自己所爱的人和所爱的生活。但除了对生命的留恋和对死亡的恐惧之外,林语堂还有他自己的生死观。他说:

> 我觉得自己很福气,能活到这一把岁数。和我同一代的许多杰出人物都已作古。无论一般人的说法如何,能活到八九十岁的人可谓少之又少。胡适、梅贻琦、蒋梦麟和顾孟余都去世了。史达林、希特勒、丘吉尔和戴高乐亦然。那又怎么呢?我只能尽量保养。让自己至少再活十年。生命,这个宝贵的生命太美了,我们恨不得长生不老。但是冷静地说,我们的生命就像风中的残烛,随时可以熄灭。生死造成平等,贫富贵贱都没有差别。①

正如林语堂自己所意识到的那样,宇宙的法则对任何人都是平等的,在林语堂面前并没有出现"长生不老"的奇迹。终于,意料之中的事情发生了——1976年3月22日,二女儿林

---

① 转引自林太乙《林语堂传》。

第十二章
依依不舍　告别人生

太乙正准备去《读者文摘》编辑部上班,电话铃声响了,是她妹妹林相如打来的,电话里声音急促而不安:

"你快点儿来。爸在吐血,我已经叫了救护车要送他到玛丽医院。"

林太乙急忙赶到干德道,姐妹俩陪着救护车一起到医院。检查结果是胃出血。

3月23日,为了进一步了解胃出血的情况,医生把探针从食管插入林语堂的胃里,这简直是活受罪。林语堂被折腾了好几个小时,心情很坏。幸好有女儿们在医院陪伴他,不断地安慰他。

3月26日,林语堂突然转为肺炎,心脏病突发,被送入加强医护部,呼吸困难,不得不戴上氧气罩。在戴氧气罩时,他的神志很清醒——看见从外面匆匆赶来的二女儿时他还亲切地叫了女儿一声,这是他留给世界的最后的声音。

病房的门经常开了又关,许多医生紧张地进进出出,七八个穿着白褂子的医护人员围着病床忙碌。林语堂的眼睛上贴着胶布,四五根管插在他的双臂上和身上。他在和死神做最后的搏斗。

病房外,两个女儿、二女婿黎明、廖翠凤和服侍她的女佣等坐在那里焦急地等待着里面的消息。

然而,传出来的都是坏消息:

——在打强心针;

——肾功能失灵;

——脑部已经死亡，但心脏仍然跳动；

——心脏停搏，又起跳了；

——心脏第二次停搏……

——心脏一连八次停搏后，又起跳，直到第九次停搏后，才永远停止了跳动。那是1976年3月26日晚上10时10分。

他赤裸裸地平卧着，身上只盖着一条被单，他是赤裸裸地出世的，现在又赤裸裸地告别世界了。

3月29日，林语堂的灵柩由妻子、女儿、女婿护送到台北。

蒋经国亲自到机场迎灵。国际笔会台湾分会、台北故宫博物院、台湾开明书店等八个团体负责治丧事宜。

3月29日下午4时30分，林语堂生前友好500余人在台北新生南路怀恩堂为他举行了追思礼拜。周联华牧师说，林语堂曾用季节形容他写作的三个阶段——"春天是那么好，可惜太年轻了；夏天是那么好，只是太骄傲了；只有秋天的确好，它是多彩多姿的。"周牧师认为林语堂的晚年是他人生的秋天，他在这一时期完成的很多睿智之作也是多姿多彩的。

4月1日上午，在阴霾的山色和萧瑟的雨声中举行了林语堂安葬仪式，他的遗体安葬在阳明山的家园里，面对他所深爱的重峦叠翠。

一抔黄土，一束素菊，覆上了枣红的棺木。一代文化名人、幽默大师林语堂，就长眠在他阳明山的家园里。

林语堂逝世的消息在海内外引起了强烈的反响。

第十二章
依依不舍　告别人生

3月27日出版的《纽约时报》，详载了林语堂的生平事迹和他对中西文化学术界的卓越贡献，并以三栏的篇幅刊登了他的半身照片。《纽约时报》对中国人如此郑重报道，自创刊以来只有两次：第一次是1975年4月，蒋介石逝世时；第二次就是林语堂逝世。该报说："他向西方人士解释他的同胞和国家的风俗、想望、恐惧和思想的成就，没有人能比得上。"

华盛顿大学教授吴讷孙说："林语堂是一位伟大的语言学家、优良的学者、富于创造力和想象力的作家。不宁唯是，他是一位通人，择善固执，终于成为盖世的天才。要说哪一项造诣是他最大的成就就已经错了。他向西方和中国人证明，一个人可以超越专家这个称谓的局限而成为一个通才。"

台湾《中国时报》的社论说："林氏可能是近百年来受西方文化熏染极深而对国际宣扬中国传统文化贡献最大的一位作家与学人。其《吾国吾民》及《生活的艺术》以各种文字的版本风行于世，若干浅识的西方人知有林语堂而后知有中国，知有中国而后知有中国的灿烂文化。尤可贵者，其一生沉潜于英语英文，而绝不成为'西化'的俘虏，其重返中国文化的知识勇气及其接物处世的雍容谦和，皆不失为一典型的中国学者。"

《联合报》的社论写道："他一生最大的贡献，应该是，而且也公认是对中西文化的沟通。因为论将近代西方文化引入我国者，从严复和林纾那一代起，固可说代有传人，甚至人才辈

幽默与爱情：林语堂与廖翠凤

出；但论将我中华文化介绍于西方者，则除了有利玛窦、汤若望等外国人曾经从事之外，数献身此道的中国学人，林语堂虽非唯一人，却是极少数人中最成功的一人。"

能将自己的生命寄托在他人记忆中，生命仿佛就延续下去了。林语堂做到了这一点。当然，悼念文章，出于对逝者的尊敬和哀悼往往会感情因素大于理性的分析，这是此类文章的通例，那些国内外的悼林文章自然也不会不受历史惯性的影响。因此，持不同意见者认为，上述悼林文章不乏溢美之词。此说也未尝没有一定根据，但以下观点却是肯定的——"若干浅识的西方人知有林语堂而后知有中国……""他一生最大的贡献，应该是，而且也公认是对中西文化的沟通。""透过文学作品而沟通东西文化、促进国际了解……可以说求之当世，唯此一人。"姑且不论林语堂是否全面地向外国人介绍了中国文化，但不可否认的事实是：林语堂影响过整整一代外国人的"中国观"。

1989年2月10日，美国总统布什对国会两院联席会讲演时说，在他准备访问东亚之际，读了中国作家林语堂的作品，内心感受良深，他说：

> 林语堂讲的是数十年前中国的情形，但他的话今天对我们每一个美国人都仍受用。他说："今天，我们竟然害怕善良、怜悯和仁慈这些纯朴的字眼。"朋友们，我们国家要成功，我们便必须重新领悟这些字的意思。

第十二章
依依不舍　告别人生

林语堂，谁能否认他是一个在国际上享有巨大声誉的文化名人呢？

林语堂，他为自己是中华儿女而自豪。

林语堂逝世 11 年后，也就是 1987 年 4 月 8 日，廖翠凤女士在香港去世，享年 90 岁。

如果真有"幽冥"世界的话，这对"老情人"将会在那个世界里相逢吗？